阅读成就思想……

Read to Achieve

社群发售变现，你也学得会

邓艳红 ◎ 著

中国人民大学出版社
·北京·

图书在版编目（CIP）数据

社群发售变现，你也学得会 / 邓艳红著. -- 北京：中国人民大学出版社, 2024. 9. -- ISBN 978-7-300-33111-9

Ⅰ. F713.365.2

中国国家版本馆CIP数据核字第2024HY2818号

社群发售变现，你也学得会

邓艳红 著

SHEQUN FASHOU BIANXIAN, NI YE XUEDEHUI

出版发行	中国人民大学出版社		
社　　址	北京中关村大街31号	邮政编码	100080
电　　话	010-62511242（总编室）	010-62511770（质管部）	
	010-82501766（邮购部）	010-62514148（门市部）	
	010-62515195（发行公司）	010-62515275（盗版举报）	
网　　址	http://www.crup.com.cn		
经　　销	新华书店		
印　　刷	天津中印联印务有限公司		
开　　本	890 mm×1240 mm　1/32	版　次	2024年9月第1版
印　　张	9.25　插页1	印　次	2024年10月第2次印刷
字　　数	216 000	定　价	69.90元

版权所有　　　侵权必究　　　印装差错　　　负责调换

赞 誉

邓老师的社群玩得非常溜，而且她是实战型的，我的好几次社群发售活动都是她帮忙指导的，都取得了非常不错的成绩，操作方法在第8章有详细介绍。如果你也想实现批量收钱，一定要看这本《社群发售变现，你也学得会》！

秦刚，赚富系统自动营销系统创始人、全球华人 AI 赚富系统总教练

每一个转型线上做私域的人，都应该学会这一套社群发售变现技术。这本书详细拆解了私域社群发售变现的六大难题以及对应的解决方案，是一本实操性很强的专业书籍，推荐你一定要看！

王一九，一九咨询公司创始人、高端个人品牌商业私教

销售策略五花八门，到底什么是有效的抓手？销售业绩停滞不前，到底怎么把产品卖出去，并快速扩大品牌声量，产生裂变效应？答案都在这本书里，相信它能够成就更多卓越的中小企业创业者！

流年小筑，畅销书《微文案》作者、小红书品牌营销顾问

认识邓老师已经快 8 年了，我对她的印象就是做事认真负责，身上有种死磕精神，而且一直专注在私域运营和社群发售方面，帮助了成千上万的老板用社群营销，发售过亿。

她是社群发售实战派专家，你照着书上的步骤流程来操作就能批量收钱。本书值得反复阅读和实践。

王九山，九山传媒创始人，资深媒体人／畅销书作家、九山引流俱乐部发起人、《百度霸屏全网络营销之道》作者

如何在最短的时间，卖最多的货、搞最多的钱？比如 7 天甚至 1 小时变现 100 万。社群搞定人，发售搞定钱，而你变现只要搞定人。社群发售变现是你必须要学会的一门赚钱技术，推荐你反复阅读和实践。

浦江，扑客大师发明人、《浪潮式发售》推荐序作者

私域社群是企业最宝贵的资产，但大部分企业的资产都在闲置和浪费，激活和唤醒用户、促进转化和复购、放大用户终生价值，需要一个给力的抓手，社群发售就是这个抓手。不管你是企业家还是创业者，这本书都值得你反复阅读！

袁海涛，中国原创营销理论探索奖获得者、社群行业职业技能等级标准制定者、社群新零售商学院创始人

私域社群变现是当下的热点，却也是难点。《社群发售变现，你也学得会》是一本与"钱"息息相关的书，翻开它，就像打开了魔法宝盒，让你可以拥有源源不断的现金流。

赞誉

邓老师深耕私域运营、社群发售 7 年之久，她操盘的社群发售活动，不仅流程很丝滑，细节打磨到极致，而且展现了极高的专业水准和无私的利他精神。本书提供了一整套私域社群发售变现的步骤和方法，你照着做就能拿到结果。

赛美，IMA 保险名家理事会中国区副主席、
太平 1929 家族办公室资深专家、国家高级理财规划师

《社群发售变现，你也学得会》一书以其独到的视角和实战经验，为流量时代的变现之路提供了全新思路。作者深入浅出地剖析了社群发售的精髓，书中的创意模型和丰富案例无疑是私域流量运营的宝典。无论是初涉社群的新手，还是寻求突破的老手，都能从中获得宝贵的启示，开启发售变现新篇章！

赵博平，畅销书《新媒体写作：从提笔就怕到成就 IP》作者

要想让产品低成本产出高销量，这是一种"特别的技术"，不懂的人就很难，懂的人就会很简单。

邓老师（红娘）7 年专注于"私域变现"，在社群发售方面，有着化腐朽为神奇的实战经验，她总结了"产品发售模型"和"产品发售流程细节"并形成一本书，非常有价值。

我全力推荐本书给所有的企业，相信通过认真学习并反复实践本书所讲技术，你的产品会越来越好销售，企业的效益会越来越好！

王阳，名人名牌第一推手

当下流量越来越贵，获客成本越来越高，如果企业不懂私域运营和社群发售，就像守着金矿在挖煤。

本书非常系统且精细地拆解了社群发售的各个流程、步骤以及细节，这是一本社群发售实操手册，强烈推荐阅读。

刘芳，《流量变现》《人人都是超级个体》作者、私域流量增长顾问、个人 IP 商业顾问

邓老师是一位身经百战的社群营销操盘教练，经她辅导的企业上万，客户满意度高，市场成效显著。《社群发售变现，你也学得会》一书可以说字字珠玑，因为书中的内容都是她多年社群营销实战提炼的智慧结晶，是想要做社群营销的人床头案牍不可缺少的营销宝典。

李劲，广东名牌评价委员会推广副主任、壹串通策划集团首席增长官

很多教人社群营销的书籍都是空洞的理论，别说拿结果，就是落地都很困难，而邓老师的《社群发售变现，你也学得会》将会让你快速成为一名真正的社群营销高手、操盘手，你一定不容错过。

魏江，深圳点石成金创始人、销售信&变现文案策划专家

先学会怎么卖，再决定产品怎么做。如果你跟我一样自认为是一个不擅长销售，但又必须要靠自己把产品和服务卖出去，那这本《社群发售变现，你也学得会》你一定要看。

彭小六，《洋葱阅读法》作者、读书会创始人社区主理人

赞誉

做私域一定要学会做发售，这不再是大咖的"专利"，而是每个人必备的营销技能之一。本书系统介绍了做社群发售要经历的5大阶段，不仅有流程、有步骤、有细节、还有案例，连话术都写好了，实操性非常强，照着"抄"就行了，极力推荐。

管鹏，国际社群联盟创始人、中国社群领军者

要增长，用发售。这本发售指南，有流程，有步骤，看完就能用，一用就有效。

弗兰克，增长顾问、《多卖三倍》作者、当当第九届影响力作家

本书深入浅出剖析了当前社群发售所面临的各种难题，提供了一系列切实可行、具体详尽的解决方案。书中涵盖了模型、流程、步骤以及实际案例，内容丰富，实用性强。强烈推荐，它一定会成为你书架上的社群发售宝典，帮助你开启商业成功的新篇章。

水青衣，内容创业者、《引爆 ip 红利》等 4 本畅销书作者

邓艳红老师是7年社群发售变现实操教练，为你打通了私域社群发售变现的"最后一公里"。

当下社会，99% 的生意都可以通过私域社群发售来变现。打开《社群发售变现，你也学得会》这本书，其实也就是打开了私域社群变现的魔法宝盒。

在竞争压力加大、产品同质化加重、各行业内卷的大环境下，我竭力推荐大家熟读这本书，同时把它运用到自己的行业去。

林钜浩，国家高级企业培训师、中小企业会销落地招商实战导师

社群作为新媒体时代新的生活单元，是商业体系绕不开的新重点。如何进行社群发售，本书进行了系统而详尽的描述，推荐阅读。

连芳菲，深圳之窗总编辑、深圳"圳能量"工作室主理人

商业的核心是流量，流量的核心是变现，社群是链接公域和私域的纽带，社群变现是流量留存、变现、分享转化的核心方法，《社群发售变现，你也学得会》是当今每个营销人的必修工具课！

任莉莉，深圳某高校教师、医学硕士、中国营养保健协会理事

无论是创业者还是实体店老板，关键在于将流量转化为盈利。邓老师的这本书，详尽阐释了如何有效地把粉丝聚集在私域社群，并实现批量变现的全过程，这些策略极具参考价值，值得借鉴。

李永洲，深圳技术大学客座教授、中科美城创始人兼董事长、畅销书《新商业模式 – 商业模式迭代和爆发的底层逻辑》作者

前　言

我是一位拥有七年私域社群发售变现经验的实操教练,曾服务过10 000多个企业老板。经过对2988个老板进行调研后,我发现了一个令人震惊的事实,那就是大多数中小微企业都面临着产品同质化严重、缺乏创新和差异化的问题。他们的固定开支不断增加,现金流紧张,生存岌岌可危。

然而,他们手上又掌握着大量的存量客户,甚至也有很多公域流量,却不知道如何将这些客户留存到私域,更不知道通过何种方法和策略来激活老客户、培育信任,实现复购和裂变。

尽管超过90%的老板知道私域社群的重要性,并尝试建立社群,通过私域社群发售来实现变现,但是他们只知道简单粗暴地拉群卖货,结果创建不到三天的群就沦为"死群",现场参与购买的人数寥寥无几,转化率几乎为零……

相信很多老板面临着这样的困扰:虽然他们知道问题的存在,也去学习了很多私域社群变现的课程,事先做了很多准备工作,甚至建立了多个微信群,但最终还是无法提升业绩。

不仅如此,他们在实际操作中还常常会遇到各种棘手的问题,这些问题构成了私域社群发售变现的六大难题：

- 如何设计一款引爆市场的爆品，以吸引更多的潜在客户；
- 如何让客户知道你要卖产品，不反感还主动帮你推广；
- 通过哪些方法能够制造声势，让更多的人参与你的活动；
- 好不容易把人拉进成交群，如何运营才能让大家持续关注活动；
- 如何打造无法抗拒的成交主张，让大家抢着买买买；
- 如何激活老客户，激励他们复购并实现裂变效应。

几乎每天都会有不同行业的人来向我寻求解决方案。每当夜深人静，我也在苦思冥想，这些人面对私域变现的诸多难题，是否有一套能够直接套用、即刻有效变现的模型？是否有一种方法，可以低成本、高效率地为他们创造源源不断的现金流？

其实，我一直在致力于这个使命：帮助 10 万以上的人用私域社群打通变现的"最后一公里"。经过七年的积累，我阅读了 200 多本社群及营销书籍，拜访了 100 多位行业大咖，给学员做了 1000 多次咨询诊断，并亲自实践与操盘了 400 多场私域社群发售活动。我将这些理论、经验进行整理和应用，形成了一套全新而可复制的实战模型——PHHSF 私域社群发售模型，如图 0-1 所示。

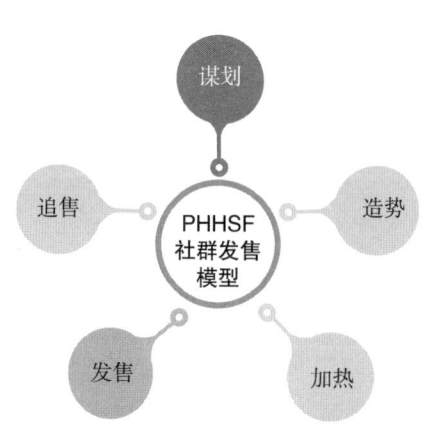

图 0-1　PHHSF 私域社群发售模型

现在，这套模型即将呈现

前　言

在你眼前的这本《社群发售变现，你也学得会》中。当你想通过私域社群实现变现时，翻开它，就像打开了魔法宝盒，让你可以拥有源源不断的现金流。

在这本书中，我将从谋划、造势、加热、发售、追售五个阶段出发，详细探讨我们在私域社群变现过程中可能遇到的各种问题，并提供系统的解决方法。无论你是刚刚起步还是已经有了一定的经验，这本书都将为你指明前进的方向，引领你迈出成功发售变现的关键一步。

本书由八章组成，让我们先来看看各章要点。

第1章介绍了PHHSF高效变现模式。这一章揭示了私域社群发售的趋势、优势、PHHSF社群发售模型，以及社群发售在各行业的应用，证实了99%的生意都可以通过私域社群发售来变现。

第2章介绍了谋划。凡事预则立，不预则废。这一章详细讲解了社群发售谋划阶段要做的准备工作。包括确定发售目标如何找到精准客户、打造爆破品、制作发售海报，以及制定风险预案等。

第3章介绍了造势。作势大于做事。这一章主要讲述了如何寻找合适的发售角度、怎样构建价值千万的成交群、怎样多点爆破去造势，吸引客户的注意力，让他们知道你要卖产品，不但不反感，反而还会帮你宣传。

第4章介绍了加热。这一章主要讲述了如何通过巧妙破冰、社群运营、序列内容和成交主张等策略来加热，为客户制造惊喜，提供足够的价值，让客户持续关注群活动并保持注意力，为发售做足准备。

第5章介绍了发售。这一章主要讲述了如何建立素材库，如何通过万能销讲公式来进行私域社群的发售。其中，素材库是人人必备的"军火库"；五步万能销讲公式适用于任何行业；我们发售时需要先引爆社群，再开通购物通道，才能让客户主动疯抢。

第6章介绍了追售。这一章主要讲述了如何在私域社群发售中追售的四大策略。包括追单策略、追售话术、极致交付和后期部署。用好这四个重要策略不但可以帮助你提高发售业绩的30%，还能为下一次发售积攒更多的势能。

第7章介绍了裂变式发售。这一章主要讲述了如何通过私域社群裂变模型来提高发售业绩。其中，种子用户是决定裂变发售成败的第一关键，奖励机制的设计和奖品的选择也是裂变必杀技之一。此外，运营好裂变指挥群、设计好裂变流程、选择一个有经验的实操教练和合适的工具也能让裂变效果瞬间翻倍。

第8章介绍了裂变式发售实战案例拆解。这一章主要讲述了七天轻松裂变14 974位付费用户的裂变发售流程要点，包括强大团队的搭建、裂变爆品的设计、多维奖励机制的设置、联合发起人的招募及三大社群矩阵的运营，目的是向你展示我的具体做法，帮助你把这一套发售模型落地到你的实际项目中。

本书是一本离你最近同时也离"赚钱"最近的书。书中的方法都是我和我的学员在实践中亲身体验并取得成果的精华，90%以上的案例出自我或我指导的学员（为了保护隐私，我对一些信息进行了微调）。他们的背景、资源、能力及行业都和你相似，这些案例中的方法对你来说更贴近实际，更有启发性，对你帮助会更大。

前言

同时，它也是一本实战书，为你提供了一整套私域社群发售变现的方法和工具。

如果你是中小微企业老板，已经累积了一定的老客户，想要让更多的老客户复购和裂变，实现指数级增长；如果你是实体店的老板，想通过线上线下相结合的方式放大你的势能，找到更多客户，提升3～5倍业绩；如果你是创始人、品牌方、团队长或电商达人，想要通过私域社群打造源源不断的现金流，那么我强烈建议你认真阅读此书，然后按照书中的发售模型开启你的"社群发售变现"活动，开始变现。

即使你没有庞大的团队、没有高额的预算、没有很多的粉丝，也能让你的产品和服务一上市就卖爆。不管你从事什么行业，无论你身处何处，都能够随时随地轻松批量赚钱。

这本书源于我的"私域社群掘金术"系统课程。在我撰写这篇前言的时候，这套课程已经吸引了超过10万名用户，全网学习次数突破了100万次，通过课程中的方法，在不增加推广成本的情况下，用社群创造了销售额过亿元的辉煌成绩。

许多老板给我留言反馈，表达了这套课程对他们的巨大帮助，还有很多老板表示，因为这门课，他们的企业、店铺乃至人生发生了翻天覆地的改变。

一位独立创业者给我留言说，她原本以为做社群发售需要有大量的粉丝和庞大的团队才能实现，但是她按照课程中教授的方法，仅举办了一场不到40人的小型社群发售活动，竟然成交了3万元，成交率高达35%，让她重新找到了信心。

一位卖兽药的实体店老板表示，他曾经不敢想象，在不需要见面、打电话甚至与陌生人交流的情况下，仅用三天时间也能轻松收款10多万元，而且大家还争相购买，为他的实体店带来了全新的营销思路。

一位酱酒品牌的创始人反馈说，正当他不知如何提升业绩时，听完课程后，他小试牛刀，按照课程中的方法筛选了100多个种子用户，仅用了三天时间就裂变了700多人，随后发售了一款白酒，变现了38.96万元，现在他已经将这套发售模型复制给了经销商，并取得了不错的成绩。

还有一位企业高管反馈说，她带着她的团队学了这套私域社群发售模型后，她们仅仅照着SOP复制操作，半年内做了16场发售活动，为企业增加了2000多万元的营业额，且这套方法至今仍然有效。

学员的反馈让我深深体会到了私域社群发售变现的巨大价值，我希望更多的人能从这套发售模型中受益。

当然，在私域社群变现的道路上，你会遇到很多困难，希望这本书能够帮到你、陪伴你。在你渴望获得现金流的时候，千万不要忘记私域社群，千万不要忘记翻开这本书。

本书特别适合拥有一定老客户资源的企业，如实体店、品牌方、美业、珠宝、服饰、电商、连锁机构、教培机构等；对有一定内容和资源的超级个体，如讲师、创始人、团队长、自媒体人、网红达人等也非常有效。

由于篇幅有限，本书无法涵盖所有的行业和方法论，因此很多操作细节在书中未能详细完整地展示出来。为了帮助你更好地实践落地，我决定为购买了此书的读者朋友们组建读者群，提供免费指导。在读者群

前言

中，我会安排以下的内容。

1. 私域社群变现自习（每日精进）

我每天会在群中讲解书中的一到两个重点知识。群中人数每满 500 人便再建一个新群，并且我会在这个 500 人的群中组织一次"私域社群发售变现指导"，帮助群中的读者朋友们把书中的方法运用到自己的项目或企业中。

2. 社群或直播答疑（认知提升）

针对群中的读者朋友们关注的在私域社群发售实操中遇到的问题，我每个月都会组织一次直播，与大家交流经验、探讨方法、答疑解惑，并分享最新的发售案例，还有机会与我连麦面对面交流。

3. 其他活动（资源链接）

社群的基本功能是联结，我们会不定期组织线上线下活动，将资源共享给大家，实现最大的价值。

这是一本社群发售的实战指导书，采用了独特的 PHHSF 社群发售模型，它不仅是其他发售模型的基石，而且突破了其他发售模型的边界和局限。为了更好地运用 PHHSF 发售模型，热忱欢迎业界专家对本书内容进行批评和指导，以进一步提高其价值。

此刻，我想特别感谢秋叶、彩霞老师及团队的用心指导与真实反馈，为我出版这本书增添了勇气与决心。

同时我要感谢中国人民大学出版社白老师在图书出版方面的指导，她帮助我不断优化结构、完善内容，以带给读者更好的阅读体验。

我还要感谢老壹老师和秦刚老师给我提供实战的机会，这些案例为本书增添了许多实用的方法和技巧，方便读者朋友们更好地将理论付诸实践。

要感谢亲爱的学员们：小桃、托雅、小五、莫老师、金鑫、净贤、庞丽、小珠、嗨哥、珍珍、尚林、周文波等为我提供的发售案例和支持。

感谢亓娜、净贤姐、华姐不厌期烦的给我多次审稿，感谢姜莹给我提出的视觉建议，感谢牧柔老师给我提出的宝贵建议。

还要感谢新书的联合出品人：蓝雨、三皮先生、华组、紫水晶、雅茹、蟹一姐、林钜浩、刘金山、柴世冶、慧兰、嗨哥、福宝、王芳、尹淑娟、金一、兴航、肖新、刘毅君、晓雪、逆龄姐姐、王好龙和净贤，他们在新书还没有上市之前就已经大力支持了40～60本书，愿意帮我一起传播社群发售，让更多的老板用发售提升业绩。

还要感谢我的核心团队伙伴蓝雨、梦如和三皮先生的付出和支持；当然，我还要感谢我的先生和孩子们，感谢他们的默默支持和陪伴，这本书才得以顺利诞生。

最后，更要谢谢这么优秀的你愿意阅读我的书，如果你觉得这本书对你有帮助，也欢迎你分享给身边更多需要的朋友。

私域社群是企业最宝贵的资产，而发售则是解决千头万绪的问题、创造业绩增长的良药。我真诚地希望每一位阅读此书的老板，都能够照着书上的方法去做发售。"学习千遍万遍，不如实操一遍"，发售不是学出来的，而是做出来的。只有不断实操，才能拥有源源不断的现金流，帮助到更多的人，才能享受到幸福美好的生活。

目 录

第1章　开启高效批量收钱模式　1

未来所有生意都值得用社群发售再做一遍　2

小白如何做到从 0 到 1　6

掌握 PHHSF 发售模型，人人可做社群发售　12

赚到钱的行业都在用社群发售　23

第2章　谋划：谋定而后动，运筹帷幄，先胜后战　31

目标驱动，以终为始，收获卓越成果　32

洞悉客户需求，轻松促进购买　40

打造自带流量的爆破品　49

12 大要素打造高成交海报　58

事先预防，事后才能救援　66

第3章 造势：让客户知道你要卖产品，不仅不反感，还帮你宣传　73

引起潜在客户关注，吸引他们参与其中　74
提前搞清楚这三大关键，发售顺风顺水　75
五大切入角度瞬间吸引目标客户的关注　78
八大要素帮你打造价值千万的社群　86
多渠道推广，筛选更多精准客户　96

第4章 加热：序列运营促活用户实现自我成交　107

为客户制造惊喜，提供足够的价值　108
简单五招让用户瞬间消除陌生感，持续关注群活动　119
五大促活策略让客户持续保持注意力　128
三个阶段承前启后，环环相扣，刺激购买　137
七大核心要素让客户迫不及待给你付钱　146

第5章 发售：引爆社群，开通购物车，客户疯狂抢购　157

拥有必备"军火库"，发售稳操胜券　158

AITDA 五步万能销讲公式，任何行业都适用 168
引爆社群，开通购物通道，让客户主动疯抢 177

第6章 追售：提高社群发售成功率的必杀技 187

用好这三大策略，业绩至少提升 30% 188
招招消除客户疑虑，让客户心甘情愿下单 193
低承诺高兑现，给予客户十倍价值 203
再造三重浪，为下一场发售蓄能 209

第7章 以存量带动增量，轻松实现爆炸式 N 倍增长 219

裂变式发售是一种病毒式传播 220
奖励机制的设计和优化 227
运营好裂变指挥群，效果瞬间翻倍 232
裂变仍有难度，怎么办 240

第8章 发售实战案例 249

裂变团队如何搭建 251

如何设计出令人尖叫的裂变爆品	253
如何多维设置奖励机制	256
如何招募联合发起人	258
精细化运营好社群矩阵，业绩自然翻倍	262

后记	**270**
联合出品人	**273**

第 1 章

开启高效批量收钱模式

曾有人说过，未来所有的生意都值得用社群再做一遍。事实上，99%的行业都可以通过社群发售来变现。

未来所有生意都值得用社群发售再做一遍

社群发售如今已成为销售领域的热门话题，越来越多的企业和个人都选择将其作为销售策略。为什么呢？因为社群发售具备高效、精准、低成本、个性化的特点，让销售者能够在短时间内实现超出预期的销售业绩。

社交媒体平台的不断崛起，使得社群发售可以在多种平台（如微信、微博、抖音、小红书、直播间、线下门店，等等）上进行。社群发售并不仅仅是在社交媒体平台上建立一个群组，它更是一种精细化的销售策略。

社群发售的关键在于建立一个我们与潜在客户紧密联系的社交圈子，了解他们的需求并为他们提供个性化的服务和解决方案，从而提高客户满意度和销售转化率。即使你没有足够多的客户渠道、高额的预算或庞大的团队，也能让产品和服务一上市就获得不错的销量。

珠宝行业的小珠老师在2023年10月找到我，她说她们珠宝实体店的生意现在太难做了，特别是三四线城市，现在顾客很难到店，到店了也不消费，仅靠地推新客也进不来，房租、水电、工资却一分也不能少，每个月几乎都是入不敷出，她问我该怎么办。

我立即让她填了一份《企业咨询诊断表》。然后，我通过全方位的诊断和详细的数据分析，了解到她的店铺已经有了一定量的老客户，现在遇到最棘手的问题就是如何吸引老客户回店，同时还能帮忙转介绍新客户。

在我们团队专业的指导下，在"双11"做了一场社群裂变发售活动，在员工足不出户的情况下，仅通过线上共卖出了1725份导流卡，3天引流到店1702人，成功变现了100多万元，业绩同比增长了146%，同时也为后续邀请老客户到店继续复购打下了基础。

小珠是如何在短时间内通过社群裂变发售活动就能轻松获得100多万元的销售业绩呢？我认为，有以下三个关键因素。

关键因素一：用户数据库

要想做好发售，就需要拥有一个一定数量且高质量的用户数据库。这个数据库包含了两类用户：一类是已经买了产品的客户或者粉丝；另一类是有潜力、有资源、有能力并愿意全力支持你的种子用户。

什么是种子用户呢？简单来说种子用户是那些有资源、有能力，并且愿意全力以赴帮助裂变的忠实粉丝，种子用户的数量和质量决定了裂变的效果。

这家珠宝店早就深刻意识到私域的重要性，平时都会要求店员邀请每位进店的顾客（不论成交与否，只要顾客愿意）参与"加微信送好礼"的活动。在做社群发售时，已经累积了 2 万多名忠实粉丝。再加上活动前，让店员通过与顾客私聊沟通和在顾客的朋友圈点赞评论互动，增强顾客对店铺的信任感。

在本次活动中，我们筛选了 50 多个种子用户积极参与裂变，他们在 7 天的时间里，不地推、不强销，在足不出户的情况下，成功裂变了 1725 个付费 29.9 元的客户。可以说，种子用户的数量越多、质量越高，裂变的效果就会越好，发售的业绩也就越好。

关键因素二：打造超级爆破品

要吸引更多精准粉丝参与我们的活动，就必须打造一个让他们看一眼就想立即拥有、想立刻购买的超级爆破品。那要如何设计呢？

首先，要深入了解目标用户群体，了解他们的需求、喜好和痛点。基于用户的需求，设计出独特实用、能够解决客户问题和需求，同时也有足够吸引力的产品。

其次，要制定合理的价格策略和营销策略，给用户制造强烈的购买欲望，提供良好的购物体验。爆破品的打造方法在第 2 章中会有更详细的方法和步骤。以下是为这次活动打造的超级爆破品。

仅需要 29.9 元抢价值 2388 元的 9 大豪礼：

- 价值 200 元的黄金小方糖吊坠一颗；

- 价值 99 元的纯银项链一条；
- 价值 116 元的玫瑰杯 6 件套；
- 价值 888 元的黄金珠宝现金抵扣券；
- 价值 400 元的米其林驰加汽车养护优惠券；
- 价值 611 元的联兴驾校优惠券；
- 价值 24 元的聚合力汽车洗车券；
- 价值 30 元的中华料理优惠券；
- 价值 20 元的果汁一杯。

你看到这样的超级爆破品，是不是也想要去抢一份呢？

关键因素三：分组 PK 与奖励机制

要让种子用户全力以赴地将你的活动分享给更多客户，分组 PK 和激励机制是必不可少的。为什么这么说呢？

第一，分组 PK 能够营造出竞争的氛围，激发参与者的积极性。通过将参与者分成若干小组，让他们互相竞争，可以激发他们的潜力和热情，使他们更加积极地推广和分享活动。每个小组中的每个人都有机会在 PK 中脱颖而出，这种竞争不仅能提高参与者的参与度，还能为活动增添一份紧张刺激的氛围。

第二，激励机制是保证种子用户全力投入的关键。通过设置奖励机制（如排名靠前的小组或个人可以获得丰厚的奖品或特权）来激发他们更积极地参与和推广活动。奖励可以是实物奖品、优惠券、特殊服务等，只要能够让参与者感受到获得的价值和回报，就能够激发他们的参与热情和动力。

在这次的发售裂变活动中，我们采用了 A、B 两个班的方式，每个班分成四个小组进行 PK，同时设置了多重奖励，包括佣金奖、每日达标奖、每日个人冠军奖、每日团队冠军奖、个人王者冠军奖和团队王者冠军奖等。

总结一下，小珠能够在短时间内通过社群裂变发售活动获得巨大成果，除了周密的方案策划和精细的社群运营外，成功的关键还在于以下几点：一是拥有足够多的用户资源，让他们能够在社群中迅速传播；二是拥有高质量的种子用户，这些种子用户是活动推广的主力军；三是打造了超级吸引力的爆破品，让客户看到就想拥有；四是采用分组 PK 和丰厚的奖励机制，激发了参与者的激情和积极性。

小白如何做到从 0 到 1

"我们当初设定的目标是 1000 单，现在已经超出了 3000 单了，招募代理 900 多人，变现 200 多万元，太感谢邓老师以及导师团队了！"在发售活动结束后，护肤品牌"久美肤"的联合创始人嗨哥激动地对我说。

这是我们在 2024 年 5 月份陪跑的一个发售活动。当时嗨哥团队一直用线下开招商会的形式运营，每一次邀约人到线下参加招商活动，成本越来越高，到场的人数也越来越少，代理积极性受挫，业绩严重下滑。

经过他们公司高层商量，决定找我为他们团队操盘一场发售活动，用来激活代理及代理的粉丝，同时招募新代理，帮助代理把产品卖出去把钱收回来。

为什么能拿到超预期的200W+好成绩？在我看来，有以下四个关键因素。

关键因素一：代理的激活与筛选

嗨哥团队的本次发售目标非常明确，就是要通过一场社群发售活动，激活代理以及代理的私域流量，筛选出对他们产品感兴趣的代理。

为了实现这一目标，激活代理是第一关键，才能让更多的人一起参与发售活动。

为了筛选出更多的代理参与此次社群发售活动，除了在代理群里强调活动的意义和价值外，还根据团队的实际情况设计了以下的奖励机制。

①**设置分销奖**。凡是由代理带进来的每一个新用户成交后，代理都能获得一定比例的奖金。

②**设置阶梯奖励**。每个代理的成交额达到一定数量或金额后，赠送奖金、礼品或其他福利，增加代理参与的积极性。

③**设置分组PK**。把参与活动的代理们分为若干个小组，设置冠、亚、季军及最佳团队奖励，激发代理们的竞争意识和团队合作精神。

各项奖品可以根据企业当下的资源、预算、营销策略来设置，具体的方法会在后面第 7 章节中详细介绍。

关键因素二：可复制的 SOP

拥有可复制的 SOP（标准操作程序）可以确保发售活动的执行具备一定的标准和规范，从而提高活动效率、减少错误，并且给用户提供更优质的体验。

SOP 就好像一张精心编织的蓝图，可复制的流程可以让团队成员轻松地按照步骤进行活动，避免遗漏和混乱，确保活动的顺利进行。

所以嗨哥团队在做社群发售活动时，我都要求他们对各个环节进行详细的分析和复盘，并根据复盘结果不断优化迭代，而且形成了适合他们团队的社群发售手册和 SOP，方便团队复制。

比如，嗨哥团队在本次社群发售活动中，通过仔细分析活动目标、客户画像、流程步骤、推广渠道、文案话术、社群内容、海报等方面的数据和反馈，发现朋友圈的推广效果达不到预期，经过讨论和研究，决定尝试增加一对一私信、朋友圈留言等方式增加触达率，并调整了相应的文案话术和社群内容，便于更好地吸引目标客户参加。

经过每一次的优化迭代后，他们的社群发售业绩取得了显著的增长，从成交 1000 多单增长到 2000 多单，最后成交了 3000 多单，通过详细分析和复盘，并不断迭代的做法，嗨哥团队也打造了可复制的操作 SOP，如图 1-1 所示。

文件名 ^
- 一、久美肤活动策划 公开
- 二、实战官（代理）筛选机制
- 三、梦想客户调研表 公开
- 四、（客户）资产盘点表 公开
- 五、各战队资产汇总表
- 六、每日发售计划推进 公开
- 七、活动主题内容策划 公开
- 八、久美肤发售裂变朋友圈文案
- 九、活动海报设计模板 公开
- 十、久美肤裂变话术 公开

图 1-1　嗨哥团队整理社群发售 SOP

关键因素三：高效团队协作

谈到团队时，可能你会问，公司目前还没有专业的运营团队，是不是就不能进行社群发售呢？

当然不是，即使你只有一个人，按照我的方法也能够成功地进行社群发售。如果活动规模不大，那么一个人可以承担多个岗位的职责，同时还可以组建临时团队。关键是要知道有哪些岗位，每个岗位的职责是什么，以及如何进行分工合作，这样才能更好地掌握发售的进度和节奏。

团队的分工合作是社群发售的关键之一。嗨哥团队在刚开始时也没有专业的团队，他们根据活动的需求组建了一支临时团队。这个团队包括操盘手、运营官、管理员、活跃官、主持人、讲师、设计师和内容官等八个岗位，每个岗位都有不同的职责，在第3章中，我们将为你详细介绍每个岗位的工作职责。

在选择团队成员时，我们需要认真地筛选。他们要么拥有丰富的经验和专业能力，要么具备极强的执行力。团队成员需要通过定期的会议和沟通来分享经验、总结经验，并在执行过程中随时根据实际情况进行优化。

换句话说，我们需要找到那些对工作充满热情、有扎实经验和技能的人，或者是那些非常擅长付诸行动的人。组成一个高效团队后，我们要定期召开会议进行交流和讨论，从中学习彼此的经验和教训。同时，在执行过程中，我们必须不断地根据实际情况做出调整和优化，以确保发售能够顺利进行。

关键因素四：教练团陪跑

教练团不但能够帮助他们预防问题、发现问题、解决问题，还能起到激励作用。

（1）专业指导。

教练团队拥有5年以上的发售经验，在实际操作中能够把握发售节奏和洞察用户需求，并及时调整策略。

例如，我们教练团队和他们一起分析客户的痛点和需求，确定目标客户群体，制定最佳的定价策略，从刚开始的门槛费9.9元调整到1元，大大提升了入群率。

（2）持续激励。

在社群发售过程中都会遇到一些困难和挑战，比方说客户犹豫不决、嫌价格贵或没有时间参与等问题，会让运营人员感到压力和挫败，教练团队不断激励和赋能他们，并给予一些实用的方法克服困难，保持自信和耐心，不断推动他们向前冲。

（3）实时调整。

发售环境和用户的需求会经常发生变化，教练团队会根据现场实际操作情况及时调整和优化方案，确保发售顺利进行。

在嗨哥团队的社群发售过程中，教练团队的陪跑起到了非常大的作用，通过专业指导、不断激励和及时调整，帮助他们仅用6天就卖出3000多单客单价为799元和3990元的产品，共变现了200多万元。

以上两个成功案例说明，只要掌握了社群发售的底层逻辑和方法，不管是企业还是个人，无论是数字产品、线上课程还是实体商品，都可以通过社群发售快速变现，轻松提升业绩。

掌握 PHHSF 发售模型，人人可做社群发售

前述案例证明了社群发售是一种适合创业者和企业快速变现的新营销方式，可以帮助企业增强品牌知名度和打造用户黏性。但要真正发挥其威力，企业就必须掌握社群发售的逻辑和流程，才能在市场中保持竞争优势。

经过 7 年的实战总结，我研发了一套让所有老板都能轻松掌握的 PHHSF 社群发售模型，如图 1-2 所示。

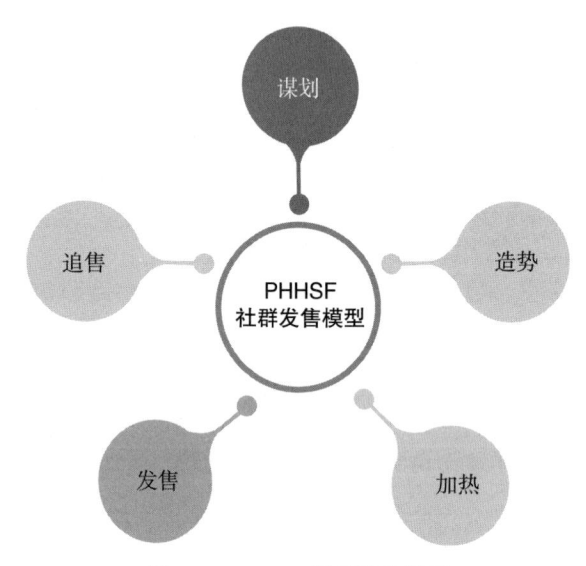

图 1-2　PHHSF 社群发售模型

PHHSF 社群发售模型是以社群为阵地，不管你从事什么行业，即使你没有大量客户、没有高额预算、没有庞大团队，也能随时随地轻松变现。

PHHSF 模型轻松构建社群发售系统

PHHSF 发售模型共分为以下五个阶段。

第一阶段：谋划（Plan）。

这个阶段的主要目标是进行市场调研、确定目标客户、制定发售策略、策划活动方案。

第二阶段：造势（Hype）。

这个阶段的主要目标是通过各种宣传手段，提高产品或事件的知名度和吸引潜在客户的关注度，筛选意向客户。

第三阶段：加热（Hot）。

这个阶段的主要目标是创造热议和建立高信任，进一步激发对产品或事件的渴望，激发购买欲望。

第四阶段：发售（Sale）。

这个阶段的主要目标是有节奏地推出产品或服务，引发疯狂抢购。

第五阶段：追售（Follow-up sale）。

这个阶段的核心目标是紧密跟进潜在客户，实施限时限量的优惠策略，并升级销售策略，以全面提升交易额，同时提升客户的满意度和忠诚度。

这五个阶段是循序渐进、相辅相成的。通过这五个阶段，一步一步把整个社群发售活动有节奏地展现在客户面前。在整个过程中，充分保持客户的注意力和兴趣，让他们对产品或项目抱有强烈的期待和渴望，从而达到引爆社群批量疯抢的效果，每个阶段具体的操作方法会在后面的章节详细说明。

社群发售的六大优势

社群发售是一种新型的营销模式，相对于传统的销售方式，有很多不同之处。我将从成本、门槛、风险、模式、流程以及消费者体验等方面来分析社群发售和传统销售的不同之处，如图 1-3 所示。

图 1-3 社群发售的六大优势

低成本，回报率高

在传统销售模式中，企业需要花费大量的时间和金钱去找客户、打广告和推广，这些成本不仅很高，而且效果还不一定能够得到保证。

但是，社群发售却能够通过社群这个渠道进行营销，省去了额外的广告和推广费用。而且通过在群里互动，还能够迅速找到潜在客户，并且为他们提供个性化服务，有助于成交高客单价的产品。同时，如果社群成员体验不错，那么还可以复购和裂变，这种推广方式替代了传统的方式，使得社群发售的成本更低，回报率更高。

低门槛，广泛应用

与传统销售相比，社群发售为小型企业和新兴品牌提供了低门槛的销售渠道，企业无需烦琐的审核和筛选，只需建立一个社群即可开始销售，便捷地与消费者直接沟通和交流。

企业不需要专业技能或特殊的背景知识，只需要通过建立社群、组织抽奖、拼团等活动就能吸引更多消费者。这些活动门槛低，使销售过程更高效、灵活，任何人都可以参与其中，为小型企业和新兴品牌提供了更多的机会，同时也能让消费者接触到更多的产品和服务，为他们带来更多的选择和便利，从而推动市场的多元化发展。

低风险，自动传播

传统销售在广告投放时，钱花了，但不能保证找到目标客户，甚至可能导致声誉受损。而社群发售通过消费者在社群分享购物体验，向好友推荐产品，不仅降低了风险，还实现了自动传播。

社群中的互动机制让消费者能够了解和分享产品信息，从而增强购买意愿，同时也能够以自动传播的方式将产品和服务推向更广泛的受众，实现传播效果和业绩的双重提升。

一对多，省时省力

传统销售方式需要销售员与每个客户建立关系，一对一私聊或陌拜，投入大量的人力和时间成本，效率较低。而社群发售通过社交媒体或社群，销售员可以一次与多个潜在客户互动，高效省时。

社群发售还强调群体效应，销售员可以利用社交媒体中的各种功能和工具，如直播、短视频、图片等在社群中展示产品和服务，可以一次性解决多个消费者的问题。这种高效的销售方式可以更加快速地与多个消费者建立信任，传播品牌，大大提升销售量和利润。

标准化，方便复制

在传统的销售方式中，每个销售员的业绩往往受到个人能力和资源的限制。而在社群发售中，销售流程已经被标准化和系统化，每个销售员的业绩被有效地量化和管理，有助于跟进和复盘。

社群发售的流程、SOP、案例可以被复制到各种社群中，相似的产品和销售策略也可以在不同的社群中成功复制。这种复制性和可重复性为企业的拓展和扩张开辟了更加广阔的空间，进而助力企业轻松提高销售额。

有温度，自动成交

传统销售是"一上来就卖"的方式，通过广告、宣传等手段来吸引顾客，通过销售员的推销来实现销售目标，容易使顾客感到厌倦和反感。

社群发售采用了一种新颖的销售方式，更加注重温度和客户的感受，销售人员通过一系列有趣的活动来引导顾客了解产品和品牌，通过互动建立信任。例如，通过线上分享会、线下沙龙、产品试用、抽奖等，让顾客自愿全面了解品牌和产品，并自发产生对品牌和产品的认同感。

在社群发售中,顾客和销售人员之间的交流更加频繁,销售人员可以更好地了解顾客的需求和喜好,从而更好地为他们提供服务。顾客也可以方便地提出问题和反馈,有助于品牌改进产品和服务。

在这个过程中,顾客因对品牌和产品产生了认同感和信任感,自己就产生了购买欲望,而不是被迫购买。这种方式降低了顾客的购买压力,提高了销售人员的销售效率。

简而言之,社群发售不仅能够提高销售人员的销售效率,还能够增加客户对品牌和产品的认知度和信任度,可以预见,随着社交媒体和移动互联网的快速发展,社群发售将成为未来商业发展的重要方向和趋势。

社群发售成功的四大关键因素

在社群发售的过程中,发售的结果由很多因素决定,但这四大因素最关键:目标制定、优质内容、客户名单和成交主张。

1. 目标制定

著名的探险家克里斯托弗·哥伦布(Christopher Columbus)说过:"如果你没有目标,就会像一艘没有航向的船,任由风浪推着你去哪里。"做社群发售也是一样,如果你没有设定合适的可执行的目标,也会像没有方向的旅行,永远到达不了目的地。

目标是指在发售活动中各个阶段设定的具体、可量化的目标,用于衡量销售绩效和指导销售策略。目标通常是根据企业的销售战略、市场需求和业务目标等因素来设定的，旨在引导销售团队朝着实现预定目标的方向努力。

目标包括两个方向：一是发售目标，例如成交单数、成交率、成交金额等；二是阶段性目标，例如触达人数、进群人群、在线人数、互动率、参与度及客户满意度等。这些目标应该具有可衡量性、可实现性，以便能够对销售绩效进行评估和监控。

通过设定各个阶段的目标，可以激励销售团队，引导他们朝着共同的目标努力，并通过对目标的达成情况进行监控和反馈，帮助优化销售策略、提高销售绩效、实现业务增长和利润提升。

在发售过程中，这两种情况很常见：一种是完全没有制定目标，做到哪儿就算哪儿；另一种则是只设定了最终的发售结果作为目标，却忽略了阶段性目标的设定，导致无法有效跟进和达成预期。以我的学员小五为例，她打算为爷爷销售自家产的蜂蜜，计划举办一场小型发售活动。当我问她销售目标时，她表示尚未设定，因为既担心目标过高难以实现，又担心目标过低缺乏挑战性。

于是，我引导她设定了三个不同阶段的目标：首先触达通讯录中的 2000 个好友，其次邀请至少 200 人进群参加活动，最后设定蜂蜜的保底销售目标为 40 瓶，并冲刺 50 瓶。活动结束后，她兴奋地告诉我，她实际拉进了 236 人进群，并成功售出了 53 瓶蜂蜜，总计 100 多千克。听到这个消息，她 70 多岁的爷爷非常激动。他说，这 100 多千克蜂蜜平时他得上街赶集卖上大半年才能卖完。

2. 内容设计

"注意力是我们最珍贵的资源,因为它直接影响我们如何有效地利用其他资源。"这句话来自美国著名作家约翰·C.麦克斯韦(John C. Maxwell)。我常常告诉学员们,如果你无法保持注意力,就不要试图去吸引别人的注意力,否则适得其反。

我们常常会遇到这样的问题:用户刚进入社群时非常活跃,但随着时间的推移,活跃度逐渐下降。当产品正式发售时,只有少数的人在线,而且销售量接近于零。为什么会出现这种情况呢?

如果你喜欢在某个App上追剧,那么肯定有过这样的经历:当剧情发展到高潮或者刚刚开始吸引你的时候,这一集就突然结束了,你不由自主地想要一探究竟。这时你可能会想要购买会员来继续观看,即使看了一个晚上也不会感到疲倦。这是因为在整个观看过程中,你的注意力一直被剧情吸引,而这些剧情都是由导演巧妙设计的。

那么在社群发售中,如何吸引和持续保持用户的注意力?答案就是:我们要像一个电影导演一样,提供一系列对用户有价值、令用户感兴趣,以及有逻辑性、连贯性、扣人心弦的内容,巧妙地将我们想要展示的信息传递给客户,并逐步引导他们保持关注。只有这样,我们才能真正抓住客户的注意力,让他们持续关注活动并产生购买欲望。内容设计的详细方法会在第4章详细介绍。

例如,完美日记在创作内容时充分考虑了不同阶段、不同目标人群和发售环境的差异,并根据这些因素进行相应的调整和优化。针对时尚美妆爱好者,完美日记推出了一系列与时尚美妆相关的内容,包括化妆技巧、美容护肤、时尚搭配等，通过朋友圈、微信公众号、社群等渠道进行推广和传播。

除了定期发布有趣、有料的社群内容来吸引更多目标客户外，完美日记还与社群用户互动，了解他们的购买意愿和需求，以便针对其需求推出相应的促销活动和优惠政策。在社群发售期间，完美日记推出了"拼团""新品特惠"等促销活动，吸引了大量用户参与和购买。据完美日记母公司上市后首份财报发布，2020年全年营收为52.3亿，同比增长72.6%，为2020年11月19日上市奠定了坚实的基础。

3. 客户名单

华为公司创始人任正非先生曾说过："先找准受众，才能做好营销。"而在社群发售中，收集意向客户名单是一个至关重要的环节。它指的是那些有可能购买产品或服务的客户，也可以理解为潜在客户。

意向客户的质量和数量直接影响着社群发售的结果。如果意向客户名单质量不高，包含了很多对产品并不感兴趣的人，那么在发售过程中很难持续保持他们的注意力，即使他们已经进入你的群里，再好的产品和成交主张也很难实现销售目标。

相反，如果意向客户名单质量高，这些人对产品真的感兴趣，那么在发售过程中他们更容易保持注意力，也更容易产生兴趣和欲望，更容易达成销售目标。

意向客户名单的数量也是影响发售结果的重要因素之一，如果意向客户名单数量不足，即使质量再高也相对很难大幅度地提升发售业绩，毕竟很难做到100%成交。

我们陪跑营的珍珍，她小试牛刀做了一场小型的社群发售，只筛选了36人进群，通过两天的分享，成功地发售了一门客单价为1980元的课程。最后，共有13人报名，成交金额高达25 740元，成交率达到惊人的36%。如果我们想要提升发售业绩，就需要同时提高意向客户的数量和质量。

所以说，客户名单也是社群发售中至关重要的一个环节，直接影响发售结果。

4. 成交主张

著名企业家、腾讯首席执行官马化腾说过："成交主张是商业竞争的基础，只有在制定出有竞争力的成交主张后，才能在市场上获得成功。"在社群发售中，成交主张也是决定发售业绩好坏的关键因素之一。

什么是成交主张呢？简单来说，成交主张就是解决你能为客户提供的价值及优势，以及客户如何做才能获得这些价值：

- 为什么你的产品或服务值得他购买？
- 为什么他选择你而不是你的竞争对手？
- 为什么他现在马上要向你购买？
- 他要怎样做才能获得这些价值？

成交主张通常包括产品权益（特定解决方案、产品或服务）、超级赠品、零风险承诺和紧迫感稀缺性。

如果你对成交主张还不是特别理解的话，那接下来看看这个案例，这是我帮一个服装店设计的锁定会员的成交主张——99元抢购价值

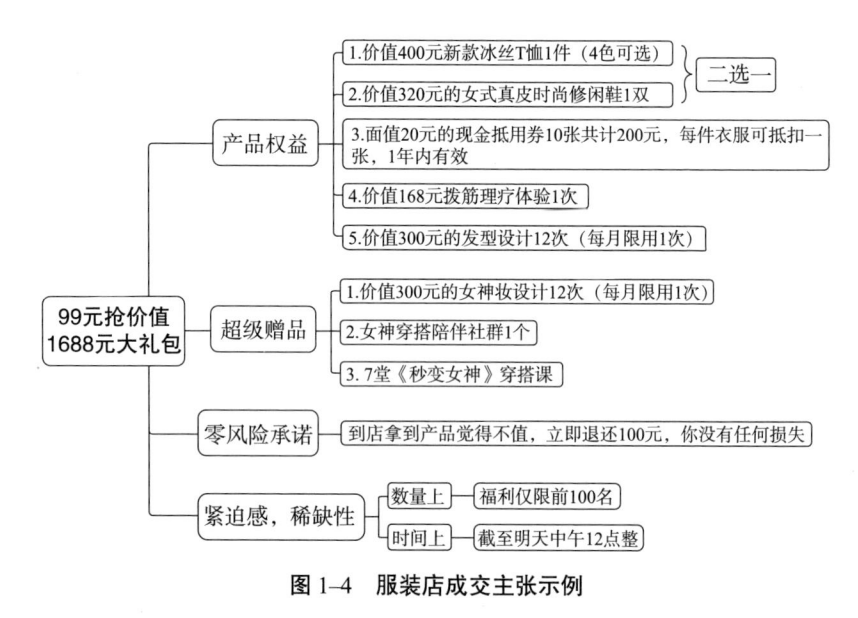

1688元的大礼包，如图1-4所示。

```
99元抢价值1688元大礼包
├── 产品权益
│   ├── 1.价值400元新款冰丝T恤1件（4色可选）  ┐ 二选一
│   ├── 2.价值320元的女式真皮时尚修闲鞋1双    ┘
│   ├── 3.面值20元的现金抵用券10张共计200元，每件衣服可抵扣一张，1年内有效
│   ├── 4.价值168元拨筋理疗体验1次
│   └── 5.价值300元的发型设计12次（每月限用1次）
├── 超级赠品
│   ├── 1.价值300元的女神妆设计12次（每月限用1次）
│   ├── 2.女神穿搭陪伴社群1个
│   └── 3.7堂《秒变女神》穿搭课
├── 零风险承诺 —— 到店拿到产品觉得不值，立即退还100元，你没有任何损失
└── 紧迫感，稀缺性
    ├── 数量上 —— 福利仅限前100名
    └── 时间上 —— 截至明天中午12点整
```

图1-4　服装店成交主张示例

看完以上的成交主张，你觉得花这99元钱值不值呢？有没有立马想付款的冲动呢？

因此，成交主张也是社群发售过程中非常重要的一环，因为它能够有效地引导潜在客户或现有客户快速做出购买决策，提高销售转化率，从而增加发售业绩。更多具体的设计方法会在第4章详细讲解。

当我们做到以上四个关键点时，是不是就一定可以成功？我觉得影响发售的因素有很多，但是做到这四个关键点，一定可以大大提升发售业绩。除了这些，我经常还跟学员强调一点，那就是发售的心态。

如果只是纯粹牟利必遭客户疏远，如果致力于解决客户难题则深受信任。成功发售需摒弃过度成交，全心全意服务好客户，成交率自然会提升。

曾有一位学员在发售前微信群被风控，我指导她忽略成交压力，转移客户至新群并真诚服务，结果成交率意外提高了10%。

赚到钱的行业都在用社群发售

社群发售不仅可以加速销售过程、提高销售量，还可以促进与客户的交互和沟通，提升客户服务质量，不管你要不要做社群发售，你身边各行各业的人都已经用社群发售赚得盆满钵满了，如图1-5所示。

图1-5 社群发售适用的行业

拼多多如何借助社群发售"砍""拼"上市

于2018年7月26日在美国成功上市的拼多多，之所以能够在短时间内崛起，瓜分淘宝、京东的市场份额并能成功上市，和其本身的社交运营模式有着莫大的关系。

拼多多主打的是"社交＋电商"的营销模式，通过低价打造爆款并以自营为主的免佣服务吸引用户和商家，从而通过这种与淘宝、京东差异化的定位和服务迅速将众多的低消费群体吸引进群。

通过在群里发拼团、砍价的信息，激发想要商品的人通过朋友圈、私信、社群转发链接给亲朋好友帮忙砍价或者拼团，这种"砍""拼"模式让更多人享受实惠的同时，也实现了自动裂变和复购。拼多多发布的《2021年度财报》显示，2021年拼多多总营收为939.4亿元，净利润为71.7亿元。

对于互联网行业来说，社群发售不仅仅是一种销售方式，更是一种与用户建立深入联结、实现持续增长的商业策略。

服装店从"等客上门"到客户"主动上门"

随着经济大环境的变化，特别是经历了三年疫情，实体门店和实体企业的日子也越来越难，因为大部分门店或企业处于传统的销售模式，停留在单纯的买卖关系，只是短暂地与客户发生交易，无法长期留住老客户，更别提复购和裂变了。

刘总是两家服装店的老板，也曾面临过以上的痛点，特别在疫情期间，客户无法到店，店里经常是空荡荡的，甚至有时连一个客户都没有。好不容易进来一个客户，关系不熟悉，应付一两句，随便看看就又去了别家店铺。有时辛苦守店一天，不仅没有分毫的营业额，而且还要支付高额的房租水电人工费用，令他苦不堪言。

幸运的是，他们这几年累积了4000多个用户的微信，在我们的指导下，策划了一场回馈老客户的社群福利活动，通过私信、朋友圈、群发的方式通知客户，激活了749个客户进群，通过在社群里发红包、抽奖、开答谢会、讲故事的形式，让客户更好地了解了他们的品牌和使命，最后发售了一个99元的社群会员产品，2天内有150多个客户报名参加，再加上抽到奖品的50多位客户，共计轻松邀约200多个意向客户到店消费。

你可能会好奇，为什么不是直接在群里卖衣服，而是卖社群会员呢？因为卖衣服只是一次单纯买卖，而卖会员则是锁定用户消费，在这个99元的社群会员产品中，设置了5项权益，其中不仅有需要到店来领取的实物产品，还有每个月可抵用的现金抵用券，以及社群其他服务等。这样便能找到理由多次触达客户，增强黏性，邀请他们到店消费。

通过这一次社群发售活动，刘总拥有了自己的粉丝社群，累积了私域资产，不仅成功推广了品牌，还筛选了大量忠诚客户，从以前的等客上门变成了现在的主动出击，有节奏地邀请更多的客户到店，轻松实现了销售额30%的增长。

知识付费：从0到1变现5万多，你也可以做到

知识付费行业是社群发售的新兴应用领域之一，网上各类课程越来越多，无论你是刚起步还是事业稳定期，都可以做成知识付费产品并通过社群发售的方式来提升势能和变现。

庞丽是一位有着10年经验的高级礼仪讲师，专门在线下给某些银

行 VIP 及一些企业高端客户授课。在疫情期间，因为线下业务很难开展，所以她不得不开启一份副业。

庞丽找到了我，经过 3 个月的前期筹备，创建了"庞丽商业美学社"，打造了产品矩阵，于 2023 年元旦小试牛刀开启了第一场社群发售活动，筛选了付费 9.9 元的 136 人，通过 3 天的干货分享、作业点评、穿搭指导，成交了 46 单客单价为 499 元的夏季穿搭课程，经过 21 天的交付，又有 12 人升级 1980 元的高级班，前前后后总共变现 5 万多元。

当然，重要的不是变现多少，而是在不花一分广告费用的情况下，通过一场私域社群发售在短短的三个月内从 0 到 1 找到了商业定位和变现路径，不但找到了第一批种子用户，还轻松地提升了自己的圈内影响力。

人人可复制的点赞简易发售模型

在当下，由于产品同质化现象的普遍存在，价格透明度的提高，使得消费者更加注重产品的性价比，进而降低产品的利润率。此外，新零售的兴起虽然带来了更多的销售渠道，但也加剧了市场竞争的激烈程度，对于那些缺乏差异化竞争力的企业而言，要想脱颖而出，变得越来越困难。

来自内蒙古的托雅是一位新零售行业团队负责人，她在 2022 年遇到了和大多数人同样的困扰——团队带不动、粉丝激不活、业绩断崖式下跌，她说这是她人生中最低谷的时段，搞得她茶饭不思、日夜难眠，一直在想如何才能找到批量激活粉丝、提升业绩的方法。

第1章 开启高效批量收钱模式

一次偶然的机会她找到了我,当时临近情人节,我们立马策划了一场发售活动:通过朋友圈求赞送福利的方法激活了110人,然后给这些点赞的人逐一打上标签,再拉到微信群里,做一场答谢宴,讲她自己的成长故事和创业使命,让更多的好友了解她,再在群里以抽奖送福利的方式点燃氛围。通过这一系列的操作,让大家越来越喜欢她了。

她在社群里有序地分享了2天,不断提升了信任度,甚至有些人主动私下咨询如何能跟她一起创业。在第3天晚上分享的时候,她顺势发起一个抢购福利产品的活动,群里共110人,竟然成交了104人,成交率高达94.5%。

其实这些还不是重点,最重要的是通过这一次的深度联结,她还从中找到了一位有百万粉丝的合作伙伴,她立马把这个简单又适用小白操作的社群发售方法复制给了团队,再次激发了团队伙伴的创业激情。团队按照托雅的这一套点赞简易模型去复制,**朋友圈点赞—打标签—拉进群—讲故事—发售**,如图1-6所示。团队干得热火朝天,业绩蹭蹭蹭地上涨。

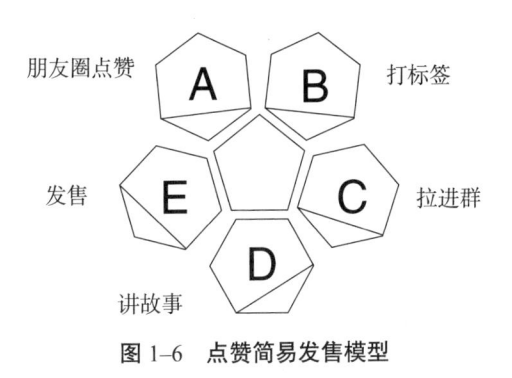

图1-6 点赞简易发售模型

社群发售狂潮席卷,成为行业风向标

除了上面提到的各行各业外,社群发售同样适用于其他行业(例如,装修、旅游、日化、农业等)。这些行业的消费者对于产品的质量、服务、口碑等方面有着较高的要求,需要与品牌进行更加直接、频繁、深入的互动,了解产品的详细信息,获得定制化的服务和优惠,增强信任感和忠诚度。

上海某知名连锁家具店因受互联网的冲击,业绩呈断崖式下滑,2020年策划了一场社群发售活动,不但激活了老客户200多人,在活动当天单店业绩突破了20万元,而且老客户还帮忙介绍了20多个新客户。

做安利新零售的莫老师,从2020年开始每月带着团队伙伴做一两次社群发售,已经坚持了40多期,他们小团队每年的业绩都能稳定在500万元以上。

开烟酒行的老板娘小桃,2022年中秋节通过一场发售活动,当天卖出烟酒茶叶共计30万元,一次发售抵过她两个月的业绩。

开了12年鞋店的老板周总,2022年通过一场社群发售活动激活了4000位老顾客,同年业绩增长了47%。

58岁的退休老师净贤,2022年通过一场社群发售一晚上感召了30多人报名线下课,她说做梦都没想到用社群招生竟是如此简单。

专注酱酒24年的金鑫,2022年通过一场发售活动激活了300多位老客户,在无法及时发货的情况下变现了39.86万元。

还有更多各行各业的社群发售的案例，我会在后面的章节与你详细分享。

---- 重点回顾 ----

这一章主要讲了社群发售的趋势、优势、PHHSF 社群发售模型和社群发售在各行业的应用，证实了 99% 的生意都可以用私域社群发售来批量收钱。

第 2 章

谋划：谋定而后动，运筹帷幄，先胜后战

著名企业家彼得·德鲁克曾说过："策划是成功的关键。"在现实中，做任何一场成功的活动都离不开策划，做社群发售更是如此。策划直接决定了发售的结果，社群发售策划包括发售目标、客户定位、价值创意、内容呈现、发售周期等。

目标驱动，以终为始，收获卓越成果

没有目标的发售就好像没有航标的船，只能在海上随波逐流。不管是工作、生活，还是社群发售活动，确定明确可执行的目标可以让我们保持清晰的方向，更有效地帮助我们快速到达目的地。

从四个维度确定发售目标

许多人一听到"发售"就认为要收钱，其实不然，发售的目的是多样化的，在策划一场社群发售活动前，我们需要根据企业的发展阶段和市场需求来确定目标。是增加新用户数量、激活现有用户、增加销售成交量，还是实现裂变？我们需要从这四个维度来确定，如图2-1所示。

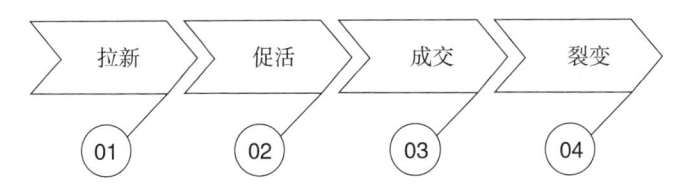

```
拉新 → 促活 → 成交 → 裂变
 01     02     03    04
```

图 2-1　四个维度确定发售目标

如果企业粉丝数不多,就需要做社群拉新,吸引更多的新用户;如果已经有了一定的粉丝量,提高用户参与度和活跃度,就需要采取社群促活的方式,激发用户的兴趣和参与欲望。对于那些希望提升销售业绩的企业来说,成交量的增长是重中之重,这就需要做社群成交。如果企业已经累积了一部分种子用户,想让他们帮忙分享和传播,迅速扩大影响力,让更多人了解并参与到活动中来,这时候就需要用社群做裂变。

总之,在社群发售谋划阶段,我们首先要明确自己的目标,根据企业或项目的实际情况来决定活动的重点和策略,才能更好地制订计划、提升效率,并实现超预期的结果。记住,发售不仅仅是收钱,它是一个多样化的目标驱动过程,能帮助企业实现多维度的增长。

何为社群拉新

社群拉新就是通过各种方法和途径,吸引更多的人来关注你的品牌,使用你的产品或者加入你的社群。

拉新需要根据品牌或项目发展的不同阶段、产品属性、活动预算,以及目标用户的特点,选择一些适合的方式和渠道来吸引他们的注意,引流到平台或社群。

举个例子,像知名品牌完美日记就很擅长拉新,它们通过公众号、微博、线下门店、电梯、地铁广告等多种渠道来吸引用户，这些渠道广泛覆盖了不同的人群，让更多的人了解并关注它们的产品。

同时，它们也会精心设计一些吸引人的诱饵，比如推出限量版产品、打折促销、限时免费福利等，用来吸引用户的眼球并激发他们的购买欲望。

何为社群促活

社群促活指的是通过一次发售活动，批量邀请用户进入社群，进行批量互动，培养彼此的信任。

我因为平时太忙了，没时间一个个去私聊新添加的好友，所以每到月底或月初，我就会策划一场简单的发售活动，邀请所有新添加的好友进入社群。然后，我会用讲故事、送礼物、分享干货等方式与他们批量互动。这样一来，他们就可以更好地认识我、了解我，逐渐与我建立更深的信任。

通过促活，我们能够批量与更多的用户进行有效的互动，增进彼此的了解和信任。这种方式不仅节省了时间，还能够更好地展示自己的品牌与价值，吸引更多的用户对我们的产品或服务产生兴趣。同时，由于集中进行批量互动，能够更好地掌握用户的需求和反馈，从而提供更贴心、更符合他们期望的产品或服务。

何为社群成交

社群成交是发售活动中非常关键的目标之一。我们通过一次活动来筛选出有意向的潜在客户，邀请他们加入我们的社群，然后通过社群运营的方式帮助他们更好地了解产品或服务，建立信任和激发渴望，最终实现大量购买。

成交不仅仅是简单地收钱,它代表着双方的共赢——通过社群发售,我们为客户提供满足需求的产品或服务,并创造良好的购物体验;客户的购买行为不仅让我们取得商业上的成功和收益,还能使客户从中获益。

何为社群裂变

社群裂变是一种通过激励机制,利用种子用户或现有社群成员的分享、邀请或推荐行为来吸引更多人加入社群的策略。这种策略可以形成一个链式反应,不断扩大社群规模。

新加入的成员也会继续以同样的方式邀请更多的人加入,形成连锁反应。随着每个新成员的加入和推广,社群的规模会逐渐扩大,参与社群活动的人数不断增加。

了解了什么是社群拉新、社群促活、社群成交、社群裂变,关于如何具体操作,我会在后面的章节中详细分享。

掌握四大关键数据

很多人在做发售活动的过程中,明明有非常清晰的目标,为什么还是拿不到理想的结果呢?举例来说,目标是成交金额达20万,最后没有达到目标,但也不知道是什么原因造成的。

想要找到真正的原因,就要关注和分析这四大关键数据,如图2-2所示。

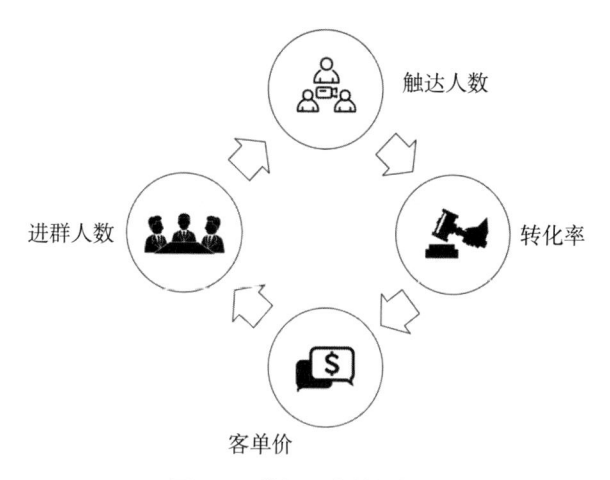

图 2–2 掌握四大关键数据

触达人数

触达人数是指在社群发售活动过程中，通过各种渠道（朋友圈、私信、社群、公众号、视频号、抖音、小红书等社交媒体）传达活动信息并接收到的参与用户数量。触达人数越多，吸引来参与活动的目标用户也就越多，从而可以大大提升成交率。

进群人数

在社群开放的时间里，有多少人加入了这个社群并参与了其中的活动，这就是进群人数。进群人数的多少是决定发售业绩的一个非常重要的指标。

进群人数的多少直接关系着社群的活跃程度和参与度。如果有更多的人加入社群，就意味着有更多的人参与活动、交流想法和分享经验。而社群的活跃程度和参与度则在很大程度上决定了发售业绩的好坏。

转化率

转化率是指你的产品或服务的实际成交人数占意向购买用户总数的比例。举例来说，你的社群里一共有 100 人，有 30 人买单了，还有 70 人没有买，那么你的转化率就是 30%。转化率也是衡量发售成功与否的重要指标之一。

客单价

客单价就是每个顾客平均花多少钱来购买商品或服务。它可以衡量客户的购买力和消费水平，客单价的高低也是决定销售总业绩的重要指标之一。

制定合理可执行目标的五大原则

为什么有些人设定了各项目标，但还是很难拿到结果？因为他们在设定目标时没有满足以下五大原则，如图 2-3 所示。

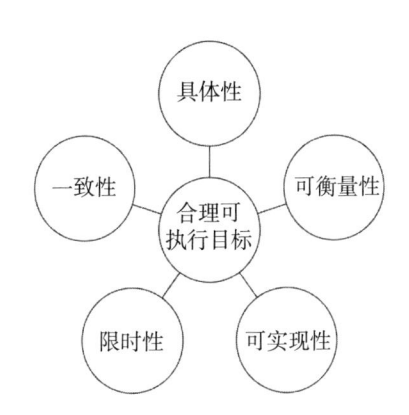

图 2-3　制定合理可执行目标的五大原则

具体性

目标不可以太笼统,要具体且数据化,这样才有利于管理,才有利于目标的达成。

例如,在制定发售目标时不但要有总的业绩目标,而且一定要数据化,举例来说,总业绩要完成100万元,触达人数要做到10 000人,进群人数要做到1000人,成交率要达到15%等,每一个关键节点都有具体的数据,这才能便于复盘和优化。

可衡量性

可衡量性是指一个目标能否被量化和衡量的能力。当我们制定目标时,需要确切地知道目标的完成情况,这样才能判断是否已经达到了目标或者离目标还有多远。

例如,如果你的目标是增加销售额,那么你需要设定一个具体的数字作为目标,比如增加10%的销售额(即10万元),这样我们就可以通过比较实际的销售额与目标销售额的差距来衡量目标的完成情况。

可衡量性有助于我们监控进展、调整策略并持续改进。它能够帮助我们在实际操作中更加明确和具体地了解目标的达成程度,有助于我们有效地评估和做决策,以便更好地达到目标。

可实现性

在社群发售中,可实现性是指目标的设定要符合实际情况和资源能力的要求，能够在现有条件下顺利实现。

一家鞋店计划在短期内发售热门鞋款，目标是在发售当日售出500双鞋子，这个目标是否可行呢？

首先，需要考虑店内的空间能否容纳足够多的顾客，以及是否有足够多的员工接待客户。如果店内的空间和员工数量都不足以满足预计的顾客需求，那么目标便是不可实现的。

其次，需要考虑鞋子的库存。如果店内的库存不足以供应500双鞋子，那么也无法实现目标。此外，还需要考虑是否存在供应链的问题，是否能够及时采购到足够数量的鞋子。

最后，还需要考虑顾客的需求和购买力。如果在该地区，顾客对于此款鞋子的需求并不高，或者顾客的购买力不足以支撑销售500双鞋子，那么目标也是难以实现的。

总之，目标可以定得稍高一些，但不能过于夸张，要根据自己的实际情况及各种客观因素来决定。

限时性

限时性是指目标要有明确的截止日期或时间范围，以便将焦点放在目标的实现上。它能够给予明确的时间约束，帮助我们合理分配时间、制订计划并保持紧迫感。

例如，要写一篇发售稿，限时性规定在两天内完成，这样可以避免拖延，集中精力并提高工作效率。而这一点常常被人忽视，一个没有时间限制的目标等于没有目标。

一致性

制定发售目标时,需要确保目标与公司的整体策略和市场需求是一致的。

例如,如果公司的整体策略是提高市场份额,那么合理一致的发售目标是在下一个季度内增加销量10%~30%。这样的目标与公司的策略一致,也符合市场需求。

洞悉客户需求,轻松促进购买

很多创业者和老板都和我说过同样的话:"我见证过社群发售的威力,想做发售但没有流量,也没有客户名单怎么办?"其实流量是天然存在的,获取流量并不难,你只需要掌握获取流量的思维,再用一些简单的方法就能获取,但前提是要知道谁才是你的精准客户,以及他们有什么痛点和梦想。

你的精准客户到底是谁

每次有学员向我咨询问题时,我总是第一时间追问他们的目标客户是谁。可是,他们的回答往往都太过笼统,说什么自己的客户是想要健身的男人、爱美的女人或者所有孩子,甚至有些人会说自己的产品适合所有人。很明显,从他们的回答中可以看出,他们对自己的客户画像并不清晰,简单来说,就是还不知道自己的产品到底能为谁解决问题。

第 2 章 谋划：谋定而后动，运筹帷幄，先胜后战

小刘是一位专注海外留学规划的学员，她找到我，问我如何才能找到更多的精准客户？如何提升业绩？

当我问到他的目标客户是哪种人群时，她说是那些希望通过留学让孩子接触到更高质量的教育资源和更广阔的学习机会的父母。接着，我进一步追问她："一个孩子一年的留学费用大约是多少？什么样的年收入才能够支付得起这样的费用呢？这样的家庭会经常关注哪些内容？会有哪些爱好？……"

她思考了半天，然后激动地说她终于找到问题所在了，原来是自己没有认真分析过自己的客户，没有做精细化客户画像管理，所以找不到精准客户，难怪业绩提不上去。

确实是这样的。她的精准客户不仅有要留学的规划，还需要有充裕的财务资源、开阔的国际视野、稳定的经济来源、一定的信息储备和独立懂事的孩子。毕竟出国求学在当下不是一般普通家庭能够做到的。

具备出国条件的家庭应该在几线城市？家长从事什么样的工作？文化程度如何？年收入需要达到多少？有什么样的爱好？他们的痛点是什么？……

解决一个人的问题，就能解决一群人的问题，客户人群越聚焦，客户画像描述得越清晰，越有利于找到最理想的目标客户，营销也会变得越轻松。

定向内容吸引定向人群，就像钓鱼一样，鱼饵决定你有可能会钓到什么鱼。蚯蚓适合钓鲫鱼，而活鱼或虾更能吸引三文鱼。现在，你要问自己几个问题：

- 谁才是我的目标客户？
- 是男性还是女性？
- 多大年纪？
- 生活在哪些城市？
- 有什么兴趣爱好？
- 从事什么样的工作？
- 年收入如何？
- 有什么需求和痛点？
- 有什么梦想？
- 我能为他们提供什么价值？
- 为什么他们不买我的产品？
- 有什么抗拒点？

然后，整理出客户画像并写下来，贴在床头或显眼的位置，每天分析他们的需求研究他们的痛点和梦想，心里想着他们。长期下来，你一定能随时找到并有意识地接触到精准的目标客户。

我也是通过这种方法找到了我的目标客户。他们不分男女，一二三线城市居多，年龄在30～60岁，经营着不错的生意，并具备一定的营销能力。他们已经积累了一定数量的粉丝或老客户。他们是那些积极乐观、有学习力、有执行力、怀揣着更大梦想和目标的实体店老板、中小微企业主、超级个体、创始人和团队领导。

他们的痛点是有好产品、有人脉、有资源，但不知道如何通过私域社群来变现；他们的梦想是通过社群或社群发售来提升品牌影响力，业绩增长3～10倍，实现时间自由和财富自由。

我认为，现金流就像是人的血液，如果企业没有了现金流，就像是人没有了血液，很快就会面临"死亡"。不管是创业者还是企业家，没有哪个人不需要现金流，也没有哪家企业不需要做社群发售来批量收钱。

所以，我要尽我的一份力，把我这七年的私域社群发售变现的经验总结出来，帮助更多的人把产品批量卖出去变成钱，过上更加幸福美好的生活。

为了帮助你更好地梳理好目标客户画像，我设计了一份表格，如表2–1所示。你只需照着填写，就可以清晰地描绘出你的精准客户画像。

表 2–1　　　　　　　　　　精准客户画像描述

序号	名称	精准描述	
1	人口学	性别	
		多大年龄	
		什么职业	
		年收入多少	
		文化程度	
		家庭结构（已婚？是否有子女？有几个子女？）	
2	地理学	在几线城市	
		在哪些城市	
		在哪些省	
3	心理学	性格是外向还是内向	
		是消极还是乐观	
		是感性还是理性	

续前表

序号	名称	精准描述	
4	行为学	购买行为（决策过程、购买频率、渠道）	
		消费习惯（喜欢奢侈品还是大众产品）	
		喜欢社交还是独处	
5	媒体偏好	媒体类型（电视、报纸、杂志、广播、互联网）	
		媒体渠道（视频号、抖音、快手、社群）	
		媒体内容（财经、新闻、时尚、体育、科技）	
		时间频率（使用媒体的时间段和频率）	

如何深挖客户的痛点和梦想

在社群发售前期，了解客户的痛点和梦想是十分重要的一环。客户的痛点是指他们当下急需解决的问题、挑战或疑虑，不立马解决就会影响健康和生活。

需要提醒的是，问题不等于痛点。

例如，A、B两位美女一起进店想买鞋子，A是随便逛街走进店里的，B是因为出差途中鞋跟坏了进店买鞋的。对于A来说，想买鞋，但不是马上非买不可，不算痛点；对于B来说，当下不买鞋，她就没有办法继续工作，这才是真正的痛点！

有痛点就会有梦想。什么是客户的梦想呢？这是指他们对于未来的期望、愿景和追求。例如，客户栽花，其期望是花开后带给家人的温馨感和幸福感。

如何知道客户的痛点和梦想呢？自然不能靠自己去想当然了，而是要通过市场调研、深度观察和数据分析等才能深入了解。通过全面了解他们，才能找到他们真正的需求、痛点和梦想，才能有效地为他们提供解决方案和价值。具体要如何来做呢？我总结了四种常用且有效的方法。

1. 咨询老客户

如果你已经拥有了一些老客户，就与他们保持深度交流，建立更强的联结，这是获得客户痛点最简单、最快速、最高效的方式。你可以直接问他们为什么选择购买你的产品，了解他们想要解决的问题或痛点，以及满足他们梦想的方法。建议你找 10 ~ 50 个老客户去深度沟通，收集他们的回答、分享和反馈。

2. 问卷调查

问卷调查是你了解客户痛点的一大利器，也是一种常用及有效的方式。制作一份表单，设计一些与你的产品或服务相关的问题，通过客户的回答，了解其需求、偏好、痛点和梦想。

你可以在问卷中设置一些诸如此类的问题：客户购买你的产品的主要原因；对产品的哪些方面最满意；希望你在哪些地方改进；在使用你的产品或服务时遇到的困难和问题；对竞争对手产品的看法；等等。

通过更系统地收集用户的意见和反馈，深入挖掘出客户真实的需求、痛点和梦想，你可以为下一步营销提供强有力的策略支持。

常用的问卷调查工具有金数据、问卷星、麦客 CRM、调研家、问卷网、提问宝等。

3. 社群接龙

社群接龙是一种常用的调研方式。你可以在社群里发起话题直接与用户互动，获取他们的需求和问题，这样可以更深入地了解用户的真实感受和痛点，为他们提供更精准的解决方案。

想象一下，你在一个社群里发起了一个话题，询问大家对你的产品或服务的困惑和需求，社群里的小伙伴们纷纷踊跃地留言。有的人会谈到他们在使用产品时遇到的一些技术问题，有的人会提到他们对某个功能的期待和需求，还有人会表达对你的服务的疑虑和不满。

接下来，你的社群管理员会仔细核对每一条信息，筛选出最具代表性和共性的痛点和需求。你可能会发现，有很多客户曾经遇到过类似的问题，或者有相似的需求。这就意味着，你不仅仅可以满足其中某个客户的期待，还可以同时满足众多客户的需求，增加产品的吸引力和使用率。

社群接龙不仅仅是获取用户需求痛点最直接的方式，也是和用户建立更紧密联结和沟通的机会。回复他们的留言，并在社群中适时分享一些产品或服务的使用技巧，可以让用户感受到你对他们的关怀和帮助。

4. 社交平台

社交媒体平台不仅是一个蕴藏着丰富客户需求和问题的宝藏地，还是一条获取用户心声的宝贵渠道。

社交媒体平台不同于传统的市场调研、问卷调查或面对面访谈，社交媒体上的人们都是主动分享自己的生活点滴、困惑、痛点、梦想、心情和购物心得等，都是最真实的信息。通过这些信息了解他们的想法、需求和急需解决的问题，有助于我们更深入地挖掘到他们的真实需求、痛点和梦想。

常用的社交媒体平台有淘宝、抖音、视频号、小红书、知乎等。收集了这些痛点和需求，我们就要开始思考如何解决这些问题。可能有一些问题我们早就有解决方案了，这时我们可以直接回复客户，这样，用户的问题就可以迅速被解决，他们对我们的服务也会更加满意。

当然，也会有一些问题是我们尚未解决的，或者是客户对我们产品和服务的期望。这时，我们可以收集这些问题和期望，并告诉客户，我们正在努力解决这些问题，已经将这些问题纳入下一轮的升级计划中或者在某个时间会给他们解决，这样一来，客户会感到被重视了，从而提升信任和忠诚度。

怎样轻松找到客户的抗拒点

客户花时间来了解我们的产品，咨询了半天，最后还是没有下单，那说明客户心中是有抗拒点的。这个抗拒点是指客户在购买产品或服务时存在的担忧、疑虑或不愿意付钱的阻力或抵触情绪。抗拒点可能源于各种原因，如心理、情感、经济或认知等。这些抗拒点包括对产品或服务的不信任、对价值或价格的疑虑、对品质或功能的顾虑，它们都严重阻碍了客户立即做出决策或行动。

那么我们该通过哪些方法去找抗拒点呢？和上面讲到的找客户痛点和梦想的方法一样，可以通过咨询老客户、问卷调查、社群接龙、社交平台收集等方法去寻找及整理，在这儿就不再赘述了。

通过了解客户的抗拒点，我们可以更好地为客户提供适当的解决方案，这可能涉及提供更多的信息、解答客户的问题、展示可靠的证据、提供试用体验或零风险承诺等。

需要注意的是，每个客户的抗拒点都不同，因此在销售过程中，重要的是对客户予以充分的沟通、理解和关注，以便满足他们的需求并建立良好的信任关系，才能解除他们的顾虑，促使他们快速做出购买决策。

为了帮助你达成目标，我特意为你准备了一张表格，如表2–2所示。

表2–2　　　　　　　　精准客户的痛点、梦想、抗拒点梳理

序号	客户需求或痛点	客户愿望或梦想	客户抗拒点
1			
2			
3			
4			
5			
6			
7			
8			
9			
10			
……			

请你在表 2-2 中列出你的精准客户当下急需解决的 50～100 个痛点；30～50 个梦想；30～50 个抗拒点。认真填写后，你会比客户更了解他们自己。大多数人往往不清楚自己真正的问题，但你却能凭借他们的痛点、梦想和抗拒点撰写文案，为他们量身定制产品或服务，让他们感受到你对他们的了解超越了自我，从而让产品实现不销而销。

打造自带流量的爆破品

很多老板曾问我，做发售时别人不愿意参加，不愿意进群怎么办？你想象一下，如果有人邀请你参加一个你期待已久的、令你心动的活动，你愿不愿意参加呢？或者你看到了一款你渴望已久、梦寐以求且性价比超高的产品，你会不会立即购买呢？答案是肯定的，对吧？所以，能否让更多的人去参加你的发售活动，爆破品的设计也非常关键。

如何设计爆破品

在谋划阶段，所谓的爆破品，是指用于筛选意向客户进群的产品或服务。它是一款独具匠心的产品或服务，能够在一场活动中迅速引爆市场，吸引大量目标客户。

爆破品通常具有超凡的吸引力、卓越的品质、超高的性价比，能够瞬间抓住用户的注意力，激发他们的参与欲望。设计爆破品的关键在于创造独特的卖点和价值，根据客户属性和活动目标设计，免费或者付费，通常具有以下五大特点，如图 2-4 所示。

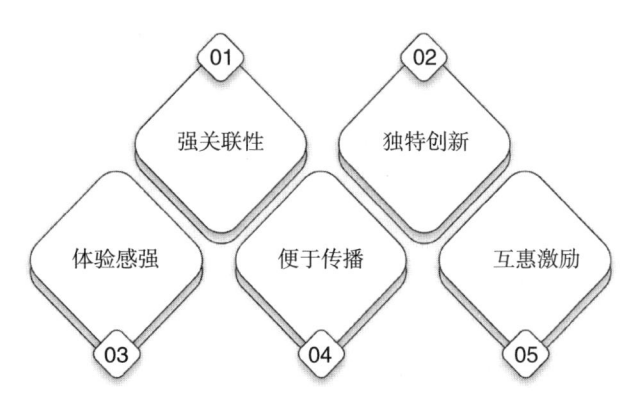

```
     01              02
  强关联性          独特创新

体验感强      便于传播      互惠激励
  03           04            05
```

图 2–4　爆破品具备的五大特点

强关联性

引流的目的是为了筛选出对后端产品感兴趣的人，真正的目的是为了提升后端转化率，爆破品的设计必须和后端有"强关联"性。比如说，你的后端是为了卖葡萄酒，那你的前端爆破品可以设计为"葡萄酒杯"或者"葡萄酒架"，而不是白酒杯。

独特创新

爆破品通常具有独特的创意和设计。通过调研和市场分析，我们可以找到当前市场上的热点和用户需求，并以独特创新的方式来满足这些需求。

独特创新可以体现在爆破品的功能、外观设计、材料选择等方面。我们要通过不同寻常的设计和创意，吸引用户的注意力，增加产品的独特性，从而提高产品在市场上的竞争力。

例如，苹果公司的 iPhone 一直以其独特的外观设计、用户友好的操作界面和独特的创新功能而受到消费者的青睐。苹果公司通过引入全面屏设计、Face ID 解锁等独特创新功能，不断提升产品的竞争力。

体验感强

爆破品注重提供卓越的用户体验。无论是产品的使用，还是服务的品质和个性化定制，都要为客户创造愉悦和难忘的消费体验。

某珠宝店七夕节活动，凡是当天进店消费1000元以上的顾客，即有机会参与777元的红包抽奖。

便于传播

爆破品凭借其独特的魅力和超高的性价比，在社交媒体和口碑传播中轻松引发热议和分享。它们不仅满足了人们的虚荣心，还吸引了大量用户的互动与自发传播，进而带动了更多的人参与活动。

一家美容院做拉新活动，客户到店即可39元获得价值520元的某款项链一条，以及价值666元的12次（每月一次）美甲护理。客户戴上项链拍漂亮的照片，现场转发朋友圈，集齐38个赞再额外获赠一盒价值99元的女神面膜一份。

互惠激励

爆破品可以结合使用各种优惠、促销或特殊购买条件，如限时折扣、赠品或独家权益等。

某水果店开业庆典，客户预存100元即送价值200元的抵扣券和一箱价值128元的樱桃，仅限当天24点前有效。

总结一下，爆破品是一种具有独特吸引力和潜在客户高度关注的产品或服务。它们通过创新设计、出色品质和有效的市场推广策略，在市场上迅速引起轰动，吸引大量目标客户快速购买。在打造自己的爆破品时，你可以参考以上提到的五个特点来进行设计。

爆破品的三大类型

在设计爆破品时，我们可以根据自身情况来确定产品形式，通常有三种选择：虚拟产品、实物产品和虚实结合产品。

虚拟产品就是那种你看不见、摸不着，却可以通过电脑、手机或其他设备来体验和使用的产品，比如一些在线课程、音频文件、训练营、社群、资料包等。这些产品不需要占用实际的物理空间，而是通过软件、应用程序等数字化形式供用户使用或体验。

虚拟产品有以下几种优势：

- 不需要快递或储存，成本较低；
- 可以随时随地通过网络访问和使用，便捷性高；
- 可以灵活地定制和更新内容，提供更好的个性化体验；
- 可以扩展到全球市场，跨越时空限制。

虚拟产品有以下几种劣势：

- 依赖网络和计算设备，受限于用户的网络环境和硬件条件；

第2章 谋划：谋定而后动，运筹帷幄，先胜后战

- 无法提供实际的触感和感官体验，价值感比较低；
- 容易遭到盗版和复制的风险，知识产权容易被侵犯；
- 虚拟产品的开发和维护需要专业的技术和知识，并且需要投入较多的资源和精力。

实物产品就是我们平常能够看得到、摸得到、感受得到的实实在在的东西，比如衣服、电器、家具等。它们需要经过制造、包装和运输才能到达我们的手中。

实物产品的优势有以下几点：

- 可以亲身触摸、感受和使用，给人真实的体验，让人觉得更可信可靠；
- 可以通过外观、包装和展示等方式吸引消费者的眼球，引发购买欲望；
- 不需要额外的技术或学习成本，买回来就可以立刻使用。

实物产品的劣势有以下几点：

- 制造、包装和运输的成本较高，需要投入更多的钱和时间；
- 需要实际的物理空间，增加了仓储和物流的要求；
- 一旦制作完成，改动和更新通常比较困难，定制的程度也比较有限。

总而言之，实物产品能给人真实的触感和感官体验，但也面临制造和运输成本高、定制困难等问题。

虚实结合产品是指将虚拟产品和实物产品有机地结合在一起，通过

配套、捆绑或互为补充的方式呈现给消费者。简单来说，就是消费者购买一个产品，可以同时获得虚拟产品和实物产品的双重好处。

以购买课程送纸质书为例，当你购买一个在线课程后，不仅会有学习知识的机会，还会额外得到一本纸质书。这本书将作为课程的补充资料，会为你提供更多的学习资源。

这样，你既能享受方便灵活的在线学习方式，又能感受纸质书籍独特的触感和实在感。在线课程和纸质书的结合让你可以轻松掌握知识，同时拥有真实书本带来的愉悦体验。

同样地，你购买一本纸质书时，有些商家会提供类似的虚拟产品，比如电子书的下载链接或在线学习平台的访问权限。这让你可以在阅读纸质书的同时，也能享受到便捷的电子阅读体验或在线学习的资源。卖其他的实物产品，也可以根据客户的需求和自身的资源任意组合，如卖服装的可以送客户一个"形象管理的年会员社群"免费入群资格。

虚实结合的产品具有以下几个优点：

- 通过将虚拟和实物产品相结合，消费者可以得到更全面、深入的体验并进一步了解产品、感受价值。虚拟产品提供了便利与灵活性，而实物产品则让人能够触摸、感受到真实，给人一种更加具体的参与感和获得感。
- 虚实结合的产品既满足了数字时代快速、方便的需求，又没有忽视人们对实体、触感的追求。这种相互补充的关系提供了更丰富多样的选择，充分满足了不同消费者的需求。

当然，虚实结合的产品也有一些劣势。

- 成本增加。为了实现虚实结合,企业需要同时投入虚拟技术和实物制造的资源与成本,从而提高了产品的开发和制作费用。
- 虚实结合的产品的推广和销售也需要付出更多的努力和资源,以确保消费者能够充分理解并体验到虚实结合的优势。
- 值得我们注意的是,要将产品与品牌形象协调地整合在一起,确保虚拟产品和实物产品的质量和效果,给用户带来良好的爆破体验。

企业选择爆破品的六大关键要素

前面我们讲了三种不同类型的爆破品,那究竟如何来选择呢?我总结了六大关键要素,供你参考,如图2-5所示。

01 目标客户群体
02 产品特性和优势
03 市场趋势和需求
04 营销策略和传播
05 成本和利润
06 品牌形象和定位

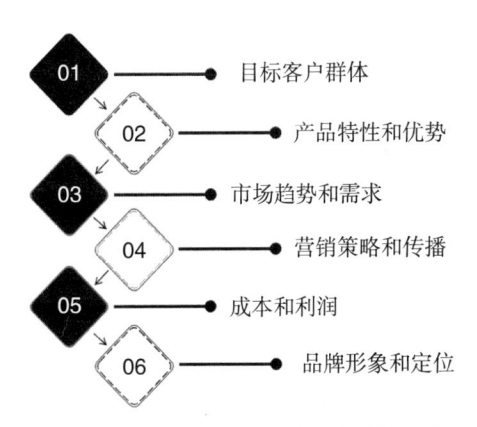

图2-5 企业选择爆破品的六大关键要素

- **目标客户群体**。了解目标客户的特点和喜好,分析他们的购买行为和消费习惯。不同类型的产品适合不同类型的受众。

- **产品特性和优势**。产品特性是吸引客户的重要因素。评估产品的独特性、创新性、品质和功能，以及与同类竞品的差异性。
- **市场趋势和需求**。关注当前市场趋势和客户需求，了解哪些类型的产品更流行和火爆。
- **营销策略和传播**。考虑产品的营销策略和传播渠道，不同类型的产品需要不同的推广手段和渠道。
- **成本和利润**。综合考虑产品开发、生产、销售和推广的成本，以及预期的销售利润。
- **品牌形象和定位**。与企业的定位和品牌形象一致，增强品牌价值和市场竞争力。

例如，深圳一家美食餐厅根据目标客户群体的喜好，结合地道的原材料和独特的制作工艺，推出了一款本地特色美食。该餐厅通过社交媒体和美食节目等多种渠道进行宣传，寻找"体验官"，三天就吸引了600多位新客户到店体验。

综合考虑以上因素，企业只有根据自身的市场定位、产品优势和目标客户群体，选择最适合的爆破品类型，才能吸引更多人参与活动。

爆破品如何定价

合适的门槛是一个筛选精准客户的非常重要的工具。它能够帮助我们找到真正有需求和购买能力的客户，而不同的价格也会对购买者的决策产生深远影响。如果我们不设定门槛，也就是说0元（免费）入群，那吸引进来的人群的精准度就会大大降低。这不仅会增加运营的难度，对提升后期成交率的作用也不大。因此,在拉群之前,我建议你务必设置门槛,以筛除泛粉丝。

关于门槛的设置,通常有两种策略。

第一种是免费。免费通常有两种方式,一种是直接让他们加入社群,不需要做任何事情和付出任何行动;另一种是让他们在加入群组之前执行你的指令,例如回复关键词、点赞和转发等。

回复关键词就是你在告诉对方,你即将举办的活动是什么,能够解决他们的什么问题,以及带给他们什么样的好处(价值)。如果对方感兴趣的话,请他回复任意一个表情或数字。点赞则是要求对方在你指定的朋友圈、文章或者视频上点个赞。转发则是要求对方把你准备好的推广素材转发到他的朋友圈或社群。

如果你想选择免费策略,我建议你使用第二种方式,即让他执行你的指令。虽然执行指令不收费,但让他们执行指令比什么都不做要好很多。因为他们愿意付出的成本越高,说明他们对你的活动越感兴趣,这样的人群也更加精准。

第二种是收费。也就是明确标价,参与你的活动需要付费。你可以设置 1 元到 100 元的任意金额。不同阶梯的金额对后续的成交也有不同的影响。支付 1 元、10 元或 100 元,表明重视程度是不一样的。门槛设置得越高,人群越精准,对后续的发售业绩越有帮助。但定价也不是随便定的,要根据你的粉丝质量和市场需求来确定。

为了帮助你更好地设计价格,我从过去 7 年实战的上千场发售活动中,整理出了一份简单易懂的定价策略,供你参考。这份策略将帮助你在实际操作中更好地定价，吸引更多的精准客户，如表 2–3 所示。

表 2–3　　　　　　　　　爆破品定价策略

定价（元）	购买行为	对应结果
0	不用思考直接参与	人多且泛，运营难度加大，对提升销量作用不大
1～9.9	有需求就闭眼下单	人群相对精准，通过运营建立信任利于转化
10～49.9	看海报和详情觉得有价值，直接下单	过滤了无效用户，更有利于提升转化率
50～99.9	决策前需要思考	人群非常精准，更有利于后端高价产品成交

当然，价格只是决定顾客购买与否的其中一个因素。真正决定顾客是否购买的是产品的价值。在设计爆破品时，我们应该遵循"十倍价值"的原则。也就是说，如果你定价为 10 元，那至少要让顾客感受到产品价值等于或大于 100 元，这样才能让意向客户快速做出购买决策。

我曾经给一家美容机构设计过一款爆破品，即 39.9 元抢购价值 1988 元的福利，福利包括一条价值 188 元的三叶草项链，价值 800 元的 12 次到店美甲护甲和价值 1000 元的洗车代金券，2 天就吸引了 500 多位精准客户进店，第一次就转化了 200 多位客户开卡消费，创造了 40 多万元营业额。

12 大要素打造高成交海报

爆破品设计好了，怎样宣传呢？最直接的方法是做成一张发售海报分发出去。这张海报要达到什么目的呢？

第一，让人记得住。

第二，让人想得到。

第三，看了就要买。

发售海报页面呈现一般包括标题区、价值区和行为区三大区域，共包括12大关键要素。

标题设计独特，吸引注意力

让我们首先来看标题区，它位于海报的顶部，包括主标题、副标题和品牌标识这三大要素。

主标题

主标题通常是一个简洁的、直接表达主题或核心信息的有力短语，起到引发客户兴趣、突出主题、吸引眼球的作用。比如，"现金流3倍增长计划""66元抢2680元"等。主标题通常会使用较大的字号、突出的颜色或特殊的字体来呈现，它传达产品或服务的价值和核心信息，让人一目了然，一瞬间即可吸引潜在客户的注意力。

主标题不仅需要与海报其他元素形成对比，更需要在视觉上突出，以此吸引客户继续阅读海报的其他内容。

副标题

副标题通过与主标题形成对比，起到吸引客户注意力的作用。它可以提供更多的背景信息和结果说明，也能呼吁行动，加强主标题的价值，帮助潜在客户更好地理解活动或产品所带来的好处，吸引他们参与或购买。

通常情况下，副标题比主标题小，但所用字号比正文大一些，用不同的字体或颜色来展示，从而与主标题形成视觉上的对比。

品牌标识

品牌标识就是使你的品牌在人们心中留下深刻印象的标志，比如商标或店铺名称等。它可以增强品牌的辨识度，树立品牌形象，帮助客户迅速认出品牌并建立情感纽带，从而培养信任感并激发客户购买的意愿。这些标识通常显示在海报的左上角或右上角。

凸显价值与权威，提升决策力

接下来是价值区，这个区域的作用是凸显产品或服务的核心竞争优势和价值，提升购买的决策力。在这个区域，我们将重点展示三大要素——独特卖点、主角和权威背书，它们位于海报的中间位置。

独特卖点

它就是产品或服务所独有的特点。我们可以通过文字、图片或图标等形式来展示这些特点。这些特点可以是产品或服务的功能、使用效果等方面的亮点。我们还可以强调它们所带来的好处和满足客户需求的能力，并与类似竞品进行对比，突出差异化。例如，我们可以展示参加本次活动所能带来的收获或者能够解决的问题等。

主角介绍

主角在发售活动中扮演着至关重要的角色，他们通常是企业的代表、品牌创始人、行业专家或者具有影响力的人物。在介绍主角时，我们可以分为两种情况进行说明。第一种是 IP 人物介绍，这时我们需要呈现其称呼、职业背景、专业领域以及成果展示等相关信息。第二种情况是品牌介绍，我们需要突出品牌的知名度、专业领域以及成果展示等。

举个例子，想象一下你正在考虑参加一场关于投资的讲座。当你通过海报了解到主讲人是一位著名的投资经理人，他过去的成功投资案例和丰富的经验给你留下了深刻的印象时，你相信他可以给你带来极有价值的知识和经验，这样你是不是会更愿意认真聆听呢？

通过主持人对主角的介绍，客户在活动开始之前就能全面了解主角的背景，并根据这些信息来评估品牌的可靠性和可信度。当你意识到主角具备相关的资质和经验时，你是不是更愿意相信参与本次活动所带来的价值，进而更加愿意参与活动和购买相关的产品和服务？

权威背书

所谓权威背书，就是要借力一些行业内的专家、名人或者有威望的机构对你的产品或服务进行推荐、评价或认可，以提升它们的信誉和价值。简单来说，就是把这些推荐或者认可呈现在你的海报上，让人们觉得你的产品或服务是可靠的和有价值的。这有助于你塑造一个可靠的形象，吸引更多的潜在客户。

很多品牌不惜重金邀请明星或者冠军代言，其实是想通过权威人士或机构的认可和推荐，来增加产品的可信度和吸引力，从而吸引更多的目标客户关注和购买我们的产品。

引导客户看完立即行动

行为区是海报中的点睛之笔，主要功能是引导客户迅速采取行动，如点击购买、订阅、预订等。该区域通常位于海报下方，并附有购买按钮、预约方式或付款二维码等。行为区涵盖了六大关键要素：即得好处、价格优惠、销量展示、活动周期、紧迫稀缺性以及明确的参与通道，旨在促进客户立即行动。

即得好处

指客户立即购买产品或参与活动可以获得的好处或优势。客户如果现在采取行动，可以立即享受到某种特殊权益或回报。简单来说，即得好处就是在进行购买决策时，能够马上得到的额外好处。

假设有一家商店正在打折促销，宣传海报上写着"购买即得礼品一份"。这里的即得好处就是购买产品后，顾客会立即获得一份礼品。这可以吸引更多的人参与活动或购买商品，因为人们可以立即得到额外的物品，增加购买的实际价值。

另一个例子是电商平台上的满减活动。假如，某家电商平台正在举办满200元减50元的促销活动，那么即得好处就是当顾客购买满200元物品后，可以立即获得50元的现金抵扣券。这样可以激发客户在活动周期内尽快购买，以便立即享受到优惠。总之，即得好处是一种营销策略，通过提供购买或参与某项活动后立即获得的实际好处来吸引消费者，增加产品或活动的吸引力。

价格优惠

指在营销海报中，将宣传的产品或服务的价格与市场价或原价进行比较，以凸显本次活动的价格优势。简而言之，就是你要告诉客户"这次的价格更划算"。

例如，一家手机品牌在进行促销活动，并在海报上写上"原价4999元"，现价"仅需2999元"。这里价格对比的作用就体现出来了，通过与原来价格相比较，一下子省了2000块钱，突出本次活动的价格更低，让客户觉得自己能够以更划算的价格购买到相同的产品或服务。

价格对比的目的是让客户在做决策时能够清楚地看到自己的价格优势，激发他们的购买欲望。客户常常会比较不同品牌或不同商家的价格，如果看到某个品牌或商家有更低的价格，往往会选择性价比更高的。

销量展示

它指已经购买某个产品或参与某个活动的人数。换句话说，就是告诉客户"许多人已经购买了这个产品"或"很多人都参与了这个活动"，让潜在客户觉得这是一个受欢迎且有价值的选择，从而增加他们的购买或参与意愿。

某电商平台在海报的行为区展示了一款热销的手机，并附上一句话："已有5000人购买！"这样的展示让潜在客户知道有很多人已经购买了这款手机，这让他们感觉这是一款受欢迎的产品，自己购买也是明智的选择。

"多人已抢"这是一种利用群体心理学的策略，通过展示已购买者或参与者的数量，来增加其他人的信任感和兴趣，从而促使更多的人进行购买或参与活动。

活动周期

它指一场发售活动从开始到结束的时间段，以及活动期间的一些关键时间节点，如开抢时间、截止时间、特别优惠期限等。活动周期的设置可以帮助营销者引导客户在特定时间内做出购买或参与决策。

以一场限时打折活动为例，某家服装店举办了一次周末疯狂大促销活动。在行为区的"活动周期"部分，显示了活动的具体时间范围——从周六上午10点开始，到周日晚上10点结束。

此外，还可以设置一些特别的时间节点，比如在活动开始的前几个小时进行"提前抢购"，或者在活动的最后几个小时内设置"疯抢时段"，这样的安排可以进一步增加购买的紧迫感和刺激客户去参与。

活动周期的设置可以让客户知道自己必须在特定的时间范围内行动，否则就会错过促销价格或其他优惠条件。这种时间限制无形中增加了客户决策的压力，促使他们更快地做出购买决策或参与活动。

紧迫稀缺

"紧迫感"和"稀缺性"是一种营销手法，通过强调产品或活动的数量有限或时间紧迫，来激发客户的购买欲望和参与热情。这两个要素可以制造一种紧迫的氛围，让客户觉得如果不立即行动，就可能错过特别的机会或优惠。

一家电商平台举行了一场限量抢购活动，明确说明该活动是有时间限制和商品数量限制的，比如"活动仅限今日24小时""仅剩最后100件"等。这样可以引起客户的紧迫感和购买欲望，因为他们知道如果不立刻购买，就有可能错失抢购的机会。

参与通道

"参与通道"指客户可以通过哪些方式或渠道参与某项活动或购买某个产品。它涉及提供给客户的参与方式，如网站链接、应用程序、线下门店、电话订购、二维码支付、扫码预约等，它们提供了便捷的途径供客户进行购买或参与。

一家餐厅推出了一项新的优惠活动，在海报上提供多种参与方式供客户选择。客户可以通过扫描二维码，访问餐厅的网站参与活动，也可以前往餐厅现场参与，或者拨打餐厅的电话进行预订。

活动举办方提供多样化的参与通道，能够满足不同客户的需求，让客户可以根据自己的方便和喜好选择适合自己的方式进行参与。

除了上面提到的12个关键要素外（根据活动场景灵活搭配，不必全部呈现），还有以下细节需要注意。

首先，视觉设计要吸引眼球，选择彰显品牌的色彩和合适的搭配，有记忆点，让人一眼就能被吸引住。

其次，布局要简洁大方，突出重点信息，避免海报看上去杂乱无章。尽量用简洁明了的排版方式，让人一目了然。

海报上不要超过三种颜色和三种字体，保持整体风格的一致性。太多颜色和字体会分散人的注意力,让设计变得混乱。

最后,还要确保文字简洁明了,用通俗易懂的语言来传达产品的价值和优势。甚至可以直接使用大白话,让潜在客户快速了解并采取行动。这样设计出来的海报会更吸引眼球,让更多人看到就会迫不及待地下单购买。

在 2019 年,我策划了一场裂变活动,也是按照上面的三个关键区域和 12 大要素,设计了一个只需支付 9.9 元的裂变海报。令人惊喜的是,在短短 48 小时内,就有 1655 位学员付款了。成交率高达 59%!也就是说有如果 100 个人看到海报,就会有 59 个人自动下单,这样的效果是不是值得你马上去实操一遍?

事先预防,事后才能救援

你是否曾经遇到过这样的尴尬场景:当你对某个产品或服务产生浓厚的购买欲望时,却无法成功完成支付?最近我经历了这样的困扰,我在参加一位非常有经验的老师的课程,在连续三天的学习中,确实收获了许多宝贵的知识和经验。

当这位老师推出新产品时,我迫不及待地想要购买,但是当点开购物车准备付款时却没有成功,尝试多次支付,却屡屡失败。最终,在第二天的下午,经过一番折腾,我才成功完成了付款。

这样的情况不仅导致了客户的流失,还严重影响了用户的体验。但这并不是平台本身的问题,而是活动策划方面存在缺失。策划者没有检测支付通道的可行性,也没有制定备用方案。因此,在组织发售活动时,我们务必要关注这些细节,以确保购买的顺利进行,给用户带来愉快的体验。

风险预案知多少

风险预案是为了应对可能会发生的各种风险事件而制定的一系列应急措施,它包括对风险事件的预测、风险评估、风险控制、应急响应和恢复等方面的工作。

社群发售时的风险预案就像我们提前制订的应急计划,以便应对可能出现的风险情况。它的作用就是帮助我们预测和减轻风险,保障我们的利益和参与者的权益。这就像夏天我们外出随手带伞一样,虽然天不一定会下雨,但为了应对突发的天气变化,我们提前带上伞,以防淋湿。

那在社群发售中风险预案能有哪些好处呢?

首先,风险预案可以帮助我们提前发现问题,比如可能会遇到的黑客攻击、系统故障或与参与者之间的纠纷等,通过识别这些潜在的风险,我们能够及时做好准备,不会被突发的问题所困扰。

其次,风险预案能够帮助我们制定相应的对策,以降低风险发生的概率或减少其对我们的影响。

最后,风险预案还能够帮助我们应对突发事件。一旦出现问题,我们能够迅速采取措施,减轻损失。例如,我们可以建立紧急通信渠道,保持与参与者的沟通，并及时解决问题，避免事态扩大。

总之，风险预案可以帮助我们在面临风险时能够快速、有效地应对。它通过识别潜在问题、制定措施、应急响应和恢复重建等方面的工作，保护我们和参与者的利益，确保社群发售能够顺利进行。

防范八大风险

都说"预防胜于治疗"，要确保社群发售顺利进行，我们需要提前制定有效的风险预案，预见问题并采取预防措施。我们要做好风险评估，建立完善的应对方案，能够即时修正和救援。面对突发情况，我们还应保持冷静、迅速反应，满足客户需求，确保发售成功。以下是经常会遇到的一些风险。

封号、封群

应对方案：认真了解《微信个人账号使用规范》，提前了解平台规则，避免敏感词，至少提前三到四周养号，保持正确的社交频率，正规有流水，发过朋友圈等。账号规范使用时间越久，权重就越高，封号的概率也会越小。

个人号加好友数过多会导致账号服务不过来，可以使用个人号活码系统，分散作业，也可以多准备一些个人微信号或企微号。

活动群里除安排机器人外，还需要人机结合，这样才能有温度。安排两三个真人管理，实时查看群内的动态，正确引导，及时清理可疑人员，避免一些闲杂人员或同行暗中举报，造成封群。

有人恶意冒充工作人员导流

应对方案：每个社群里必须安排两三个群管理员盯梢，让他们修改群名称，提醒大家认准"官方工作人员"。时刻留意群内用户的信息，发现有人冒充工作人员立刻发布申明，并做好标记，拉黑并移出群聊，永远不准其再进入。

参考话术：@xx 恶意冒充官方工作人员，现已经移群，也请大家共同维护群内交流环境，请勿发与本次活动无关的广告、图片、链接等，同时也温馨提示大家注意保护个人隐私和财产，不要随便添加陌生人为好友，谢谢配合。

活动链接被封，无法支付

应对方案：让技术人员提前准备多个 H5 域名，生成二维码的页面可以用另外一个 H5 衔接在一起，这样要封也只会封二维码页面，即只封一个 H5，还可以换另外的 H5 继续搞活动。

如果多次出现 H5 页面被封，那么还可以直接用其他方式，比如微店、快团团和企业微信收款码等。

活动停止参考话术：伙伴们，大家好，由于大家的热情参与，导致活动已远远超过预期，为了保证已经购买用户的权益和服务质量，今天的活动将暂停进行，恢复时间等官方通知，请大家留意消息，感谢有你们。（尽量不要让客户知道活动被封，否则会给他们造成不安全的感觉。）

活动继续启动话术参考：伙伴们，大家好，刚刚接到官方通知，咱们的活动现在可以继续进行啦，大家赶紧点击链接参与吧，名额有限，先到先得。

个别客户抱怨或者要求退款

应急方案：不要在群里面直接接话，应立即私信客户，先给用户发一个小红包，真诚地表示道歉，然后再仔细了解客户不满意的地方，根据用户的需求进一步处理。

参考话术：您好，非常抱歉，给您造成困扰了，请先收下我们的"道歉红包"，请问一下，您是对我们哪个地方的服务不满意呢？

客户：你们这个流程太笼统了，我进群半天了还不清楚接下来我应该做什么！

工作人员：好的，感谢您的反馈，我知道了，对您提出的问题我们会收集上报做出改善，现在给您两个方案，一是我把钱马上退给您，结束这次活动；二是我现在马上教您如何参与活动的下一步。给您添麻烦了。

遇到这样的情况，千万别在群里和客户理论，也不要私下和客户理论，先认同他，理解他，然后给他两个解决方案，和和气气地解决掉问题，说不定还能收获一个铁粉。当然了，如果对方恶意捣乱或要求退款，那么好言沟通后，直接退款，把他加入黑名单并移出群，不得再参与本次活动。

第 2 章 谋划：谋定而后动，运筹帷幄，先胜后战

活动卡顿，体验感差

应对方案：活动开始前，提前预告，如果卡顿，建议切换信号良好的 WiFi 或 5G 网络后再刷新。

活动内容应提前彩排演练，做到心中有数，并由团队提出相应的建议，及时优化和迭代，并及时跟进和安抚对体验不满意的客户。

如何防止客户恶意投诉

应对方案：在 H5 页面设计一个假的投诉按钮，先收集投诉用户的信息与投诉内容，如果有恶意投诉的人，可以提前拉黑。另外，根据用户提到的内容酌情修改，防止活动再次被投诉。

成交额与预期相差甚远

应对方案：实时跟进和分析每个阶段的数据，比方说触达率、进群率、在线率、产品力、信任度等，启动相应的补救方案。

物流及交付

应对方案：根据自身的资源开放适当的名额，在承诺的交货期限内完成，尽量提前交付，如果遇到特殊情况不能及时交付，一定要提前和客户说清楚，征得客户同意。

除了以上这八大风险规划，你还可以根据自己的行业特殊性和资源制定其他风险预案，这样不但可以降低社群发售的风险，让客户在活动中获得更好的购买体验和服务，还能大大提高社群发售的成功率。

重点回顾

这一章详细讲了社群发售谋划阶段需要做的准备工作：确定发售目标、找到精准客户、打造爆破品、制作发售海报、制定风险预案等。

第 3 章

造势:让客户知道你要卖产品,不仅不反感,还帮你宣传

在做社群发售时，很多人发现最难的不是怎样卖产品，而是如何吸引潜在客户来关注你的活动、如何知道潜在客户是不是喜欢你的产品和服务。

引起潜在客户关注，吸引他们参与其中

在社群发售的整个体系中，造势是非常重要的一环，造势的好坏直接决定意向客户的多少。那么，我们为什么要造势呢？具体该如何做？

造势是一种营销策略，通过引起大家的兴趣、关注和热情来提前宣传和推广即将发布或上市的产品、活动或事件。这样做主要是为了吸引更多目标客户的关注，增加产品的知名度和认可度，从而为最终的发售做好铺垫。

想象一下，如果在人群涌动的地铁上，有一个小孩子和妈妈走散了，让你帮他找妈妈，那你要如何做才能快速帮这个小孩找到他的妈妈呢？

最好的方式是拿个扩音大喇叭，大声喊道"带小孩的家长们，大家请注意……"这样的话，这样所有人的目光都会投向你，都会听你讲，因为他们非常好奇你要讲什么内容。因此，造势的目的是"引发目标

客户的关注",而不是收钱。那么重点来了,人们为什么要关注你的活动呢?

提前搞清楚这三大关键,发售顺风顺水

社群发售就像玩多米诺骨牌一样,一块倒下,推倒下一块,环环相扣。如何才能达到这种效果呢?你要先认真思考这三个关键问题。

如何让客户知道你即将推出新产品,不仅不反感,还充满期待

所有人都不喜欢被强行推销,一旦潜在客户觉得你有推销的意图,他们就会有抵触情绪,对你的信任度也会降低,甚至不再与你互动。所以,在与潜在客户讨论产品时,切记不要表现出任何销售的意图。

相反,你应该给潜在客户提供与他们的期望密切相关的价值,让他们知道你手上有能解决他们问题的方案,或者能帮他们得到自己期待的结果。

因此,你要激发他们的好奇心,像一个吸引人的钩子,牢牢地勾住他们的兴趣。如果你能一开始就激发潜在客户的好奇心,即使他们知道你即将向他们推荐产品,他们也不会反感,反而会充满期待。

关键是你要通过传递有价值的信息来吸引潜在客户。你要先了解他们的需求和痛点,然后展示你的解决方案是如何满足他们的期望和需求

的。你可以分享成功案例、实用技巧、行业见解等，以增加他们对你的信任和兴趣。在提供价值的过程中，要保持真诚和专业，这样才能与潜在客户建立良好的沟通关系。

另外，故事讲述和情感吸引也是很有效的方法。通过讲述切实的故事，展示你所提供的解决方案是如何改变他们的生活、解决他们的问题的，这样能够更加打动潜在客户的心弦，激发他们的兴趣与共鸣。

最重要的是，你要确保推出的产品是真实有效的，并且能够满足潜在客户的期望和需求。只有提供超预期的价值，你才能真正赢得客户的信任和兴趣，与客户建立稳固的关系。

如何让客户帮你一起研发产品，一起协同作战

每个人都希望被尊重和被重视，这样他们就会心甘情愿地与你一起共同创造和研发产品，为之贡献自己的价值。他们会珍惜共同创造的东西。但是，在发售过程中，很多人都忽视了这个重要的环节。

那么，如何吸引你的潜在客户参与产品的开发呢？大多数人只会关心与自己相关的东西。因此，关键在于让他感到这个活动与他自己有关，你可以授予他一个身份，如"联合发起人""推荐官"或其他重要的角色，让他获得身份感和荣誉感。这样一来，也更容易把潜在客户转变成"铁杆"用户。

以我的一位学员金总为例，他在酱香酒行业经营了24年，准备再推出一款新产品。他先是在我的社群中发起了一个投票活动，邀请大家帮他选择产品的名称和口号，并通过图片和视频，把产品的生产过程呈

现在大家面前,让大家感受到自己的贡献正在逐渐变成实物,因而变得非常有成就感。

在活动结束后,金总还给每位参与者制作了一张海报,让他们成为产品发布时的"荣誉嘉宾"。此外,他还赠送给每位参与者一瓶样酒作为答谢。参与者都觉得新产品的诞生与他们的努力密切相关,对这个产品产生了特殊的情感和认同,许多人再次购买了这款产品,有些人自己喝,有些人买来送长辈和朋友。

通过这样的共创活动,金总不仅吸引了更多潜在客户的参与,还拉近了与他们之间的距离,增强了客户的忠诚度。客户会更加珍惜这个共同创造的产品,逐渐成为忠实的"铁杆"用户。

所以,我们应该重视潜在客户的参与,让他们感到自己是这个产品发售过程中的一个重要角色。通过共同创造的方式,我们可以与用户建立起更紧密的关系,培养出忠诚的用户群体。这样,我们才能够有效地吸引更多的潜在客户,促进产品的成功发售。

如何持续保持潜在客户的注意力

社群发售活动通常持续 3~7 天,有些长达 30 天,甚至更长时间。很多学员向我反馈,在进行发售活动时,最让人头痛的问题是如何让潜在客户在整个活动周期始终关注活动并保持他们的注意力。其实,解决这个问题并不难。

想象一下,如果你参加别人的发售活动,那你在什么情况下会愿意花时间和精力去关注这场活动呢?我认为有以下几种情况。

- 这场活动能解决你当前面临的问题或痛点；
- 这场活动能为你提供非常期待或渴望得到的东西；
- 这场活动能让你产生快乐和满足的感觉。

这个过程就像我们看到的某个新电影上市一样，在上市之前，影片方不但会在各媒体、影院、电视台等平台提前播放震撼人心的预告片，找著名的电影解说员解说，还会邀请知名的影评人优先观看、发表评论等，其目的就只有一个，尽可能从多个维度、多个视角、多频次触达更多的用户，激发他们进影院观看的兴趣，把他们的期望值拉满，等待新片上市。

我们之前也说过，社群发售就像由多块多米诺骨牌连接在一起，所以我们发布的每一段内容都是一块多米诺骨牌。在这块骨牌里，我们要给潜在客户带来渴望、惊喜、满足，甚至恐惧，让他们一次又一次对内容充满期待。就像我们追电视连续剧一样，在关键时刻，剧集总会停在一个扣人心弦的画面，让我们迫不及待地想知道接下来会发生什么。

因此，我们要想持续吸引潜在客户的注意力，就需要像多米诺骨牌一样设计有趣的序列内容和提供价值，让每一次的内容激发潜在客户的兴趣和期待，让他们无法抗拒，才能牢牢地吸引住他们的注意力。

五大切入角度瞬间吸引目标客户的关注

造势的目的就是吸引目标客户的注意力，那么从哪些角度切入才可以帮助你达到这一目的呢？

第3章　造势：让客户知道你要卖产品，不仅不反感，还帮你宣传

如果你读过《浪潮式发售》这本书，你就会知道这本书的作者杰夫·沃克提出了一种叫作"求助帮助"的发售角度，这种发售角度目前在市场上被广泛采用。

但想想，如果你每次发售都是从"请求帮助"的角度切入，粉丝们就会有脱敏反应，他们会猜到你接下来的流程，知道你最后还是要卖东西，也就失去了新鲜感和神秘感了。同样的切入角度，第一次使用的效果远远比第二次要好很多，因为人们总是对"未知"充满期待。

那么，什么是"请求帮助"发售角度呢？除了求助式发售角度外，还有哪些发售角度？如图3-1所示。

图3-1　五大切入角度吸引目标客户

请求帮助

请求帮助最简单的方法就是给你能够接触到的粉丝写一封信，或录制一个短视频，也可以是一段文案，甚至是一个PDF文档。你还可以在社群里发表演讲或在直播间向你的粉丝求助，让他们帮你做出某个选

择或回答一些问题。

请求帮助的常用方法有以下三种。

（1）问卷调查。

这是一种向粉丝提出问题来获取反馈和建议的方法。你可以创建一个简单的问卷，通过社群、朋友圈、公众号等渠道分享给粉丝去填写。

问卷可以包括有关他们对产品的看法、购买意愿、消费偏好等方面的问题。通过分析问卷结果，你可以了解粉丝需求、优化产品、进行定向营销等。

（2）投票。

这是一种通过让粉丝选择选项来征集意见和决策的方法。你可以在社群、朋友圈、公众号等渠道发布投票问题，让粉丝选择他们更喜欢的选项。

投票可以涉及产品名称、包装设计、活动主题等方面的决策。通过投票结果，你可以根据大多数人的意见做出决策，提高用户参与度和满意度。

（3）社群接龙。

这是一种通过粉丝之间的互动来扩大影响力的方法。你可以设计多个话题，然后让粉丝在社群里写上自己的答案并接龙。这种方法简单又直接，只要有几个人带头接龙，产生羊群效应，就会有更多的人愿意参与，既能增加社群的活跃度，还能增强与粉丝之间的黏性。

第3章　造势：让客户知道你要卖产品，不仅不反感，还帮你宣传

无论是通过问卷调查、投票和社群接龙哪一种方式，你都要记得准备一份福利或礼物，送给那些参与的粉丝，这样不仅能与粉丝建立起良好的互动关系，还能提高他们的参与度和忠诚度。

社群接龙虽然内容不多，但已经开始造势了。参与过的客户都知道自己在做一件"大事"，他们会对事件的"进度"或"结果"充满期待，好奇心和期望值是相辅相成的，这就为后面的产品发售做好了铺垫。

新品上市

我们都知道，人类的好奇心是与生俱来的，这种好奇心驱使我们不断尝试新事物，探索未知的领域，这是为什么呢？

第一，新事物带给人们一种"刺激感"。当我们接触一件自己从未体验过的东西时，会感到兴奋或者不安。这种挑战和刺激驱使着我们去尝试新事物，因为我们都渴望超越自我，追求更好的体验。

第二，新事物代表着"机遇和可能性"。我们期待着新事物给我们带来的改变和进步。无论是一种新的生活方式、一种新的社交方式，还是一种新的产品或服务，我们都总是抱着期待的态度去尝试，因为我们相信它能给我们带来更好的体验。

第三，人们对新事物的好奇心与"攀比心"有关。攀比本身就是一种"比较"，比如新旧对比，和其他人对比，这就导致人们总是喜欢用新的东西。小孩子新学期总想换新书包，是因为书包烂了？你每年都要买新衣服，是因为没有衣服穿？显然不是。

再看看商业巨头们，它们早已抓住了人们的这种心理，频繁推出"新品"，因为每一次产品升级都会带来更多全新的关注。

新品上市最常见的类型分为两种：第一种是新品开发，比如，服装店、鞋店，每一年、每一个季节都会有新产品上市，还有一些其他品牌会根据市场需求不惜重金也要开发新产品；第二种是升级迭代，如新一代苹果手机，新一代海飞丝，新一代宝马、奔驰等豪车，都在不断升级。

作为营销人员的我们，是不是也可以用"新品上市"这个角度来做好自己的发售呢？

身边有些人也在做社群发售，每一次都以"请求帮助"这个角度切入，久而久之，客户有了"免疫力"，都不愿意再参加发售活动了，导致发售效果越来越差。

我以前在做发售的时候也遇到过同样的情况，第一次使用"请求帮助"这个创意的效果是不错的，当第二次、第三次使用时，效果明显不如第一次了。后来，我就使用了"新品上市"这个创意，从原来的1.0升级成2.0，从原来的"训练营"升级为"实操营"，价格也增长了3倍，而报名的人数反而比1.0时多了50多人。

这种创意灵感其实就是受到"苹果手机"的发售思路启发，从iPhone问世到现在已经升级到iPhone 15，一直深受大家的喜爱。如果你的产品需要长期发售的话，建议从"新品上市"这个角度切入。

第 3 章　造势：让客户知道你要卖产品，不仅不反感，还帮你宣传

节日盛典

著名作家冯骥才先生说："一个人一年里最重要的日子是自己的生日，一个民族、一个国家一年里最重要的日子是国家节日。" 现在，越来越多的人把节庆经济作为推动业绩增长的重要手段，也成了营销的新亮点，每一年的春节、劳动节、端午节、中秋节等节日都是商家营销的好时机。

常见的利用节日做营销的知名案例有：

- **可口可乐**在圣诞节期间经常推出与圣诞主题相关的广告和包装，以及与圣诞老人形象有关的活动，通过营造温馨节日氛围来推广品牌。
- **麦当劳**常常针对特定节日推出限时的套餐或产品，如情人节的情侣套餐、万圣节的特色甜品，以满足客户的需求并增加销量。
- **耐克**在劳动节或比赛期间推出限量版运动鞋、服装或特定产品，如 NBA 全明星赛期间的专属球鞋，借节日热点来增加品牌影响力和销售额。

"有节过节，无节造节"。随着社会变化，传统的节庆已经无法满足刺激经济的需求。这时，就出现了另一种新的方式——"造节"，即通过运用本地最有名、最具代表性的资源，结合地域的特色，通过各种方式来宣传、推广和营销自己的产品或品牌。

"双 11"对你来说并不陌生，原来的"双 11"就是每年的 11 月 11 日，是一个非常普通的日子。1993 年，南京大学的 4 名大学生将 11 月 11 日作为"光棍节"来组织活动，由此发展成一个庆祝单身活动的

日子。

2009年,天猫、京东等平台有些电商在11月11日就开始打折促销产品,取得了非常不错的成绩;后来,不仅电商热衷于"双11"促销,就连运营商也开始在当天搞促销活动;2021年天猫"双11"总交易额达到5403亿元。

现在的"双11"不仅是全球最大的电商节日,也发展成了一个全民购物的盛宴,各品牌商会在这一天借势,提供大量的促销活动和优惠,吸引消费者来购物。这不仅推动了各行各业的发展,也带动了物流和快递业的繁荣。

"双11"展示了"造节"的魅力,通过把一个普通的日期打造成购物狂欢的日子,商家们也得到了很多营销机会,而人们都希望能在这一天买到最划算的商品,这个购物节日不仅让人们的购物体验更丰富,还有力地推动了经济的增长。

所以,"造节"不仅仅是简单创造一个节日,它还是一个完整的多米诺营销策略。我们可以通过精心的规划和宣传,将一个日期和特定的主题结合起来,变成一个新的创意来做发售活动。所以我们只要稍微用心一点,就能随时"造节"。

4月12日,是我小孩的生日,2017年我就利用孩子过生日这个特别的节点来"造节",策划了一场发售活动,把点赞的1700多人拉进了3个群里。半年我裂变出200多个微信群,创建了一个"微信超市",帮助10 000多人清货、卖货,帮助大家创造了近千万元的营业额。

第3章 造势：让客户知道你要卖产品，不仅不反感，还帮你宣传

赠送福利

"赠送福利"听上去比较俗，但却永不过时，你的福利价值越大，效果越好，原因有以下四点。

第一，满足客户占便宜的心理。通过赠送福利，客户可以免费得到东西，或者享受折扣优惠，这让他们感到开心和满足。企业常常利用"赠送福利"，比如送礼品或提供特价优惠来吸引客户的注意力。

第二，提高客户的满意度和忠诚度。当客户得到额外的好处时，他们会感到被关注和重视，对企业会产生好感和信任，也就会愿意花时间关注活动。

第三，展现了企业的社会责任。一些企业通过赠送物品或帮助有需求的人来回馈社会，比如定期做慈善活动或赠送福利给有需要的人。这不仅提高了企业形象，也为那些需要帮助的人提供了实际支持和帮助。

第四，这也是企业竞争的一种策略。在竞争激烈的市场中，企业需要通过提供特别的福利赢得更多客户的关注和喜欢，比如折扣、赠品或积分。

热点事件

在互联网的世界里，每段时间都会出现一些引起大家关注和讨论的话题，它们被称为"热点事件"。这些事件因为传播快、热度高，自然会吸引人们的关注。我们可以利用这些"热点事件"来发售我们的产品。

比如在2023年，很多人就借助了ChatGPT或生成式AI这样的热点话题，推出了新产品，并获得了不错的发售结果。

要借助热点事件进行促销，我们还需要考虑"关联性"，也就是找到与我们的产品或服务相关的热点事件。如果你是卖运动鞋的，你可以与重要的体育比赛或运动赛事进行关联发售，这样能够更好地吸引客户和激发他们的购买意愿。

八大要素帮你打造价值千万的社群

不管是做直播发售还是社群发售，一定要先搭建一个成交群，方便把对活动感兴趣的潜在客户邀请进群批量运营，培育信任。那具体要如何来构建成交群呢？你只需要按照以下这八大要素去搭建就非常简单了，如图3-2所示。

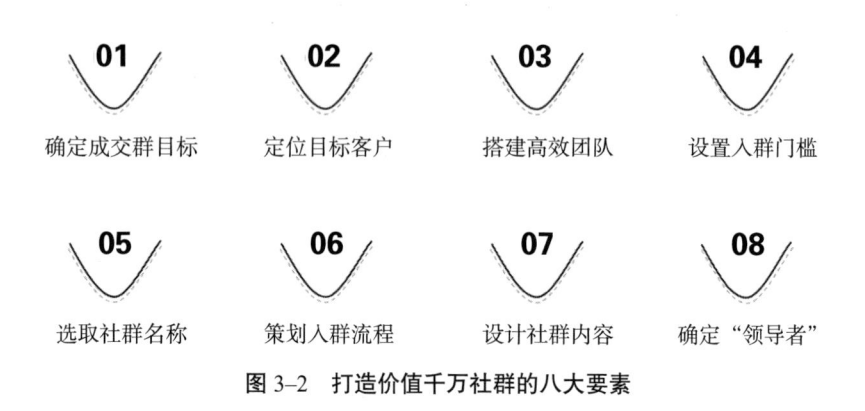

01 确定成交群目标

02 定位目标客户

03 搭建高效团队

04 设置入群门槛

05 选取社群名称

06 策划入群流程

07 设计社群内容

08 确定"领导者"

图3-2 打造价值千万社群的八大要素

第 3 章 造势：让客户知道你要卖产品，不仅不反感，还帮你宣传

确定成交群目标

建立成交群的目的就是为了创建一个批量成交的"场域"，让潜在客户变成真正的买家。和潜在客户交流和分享信息，让他们更好地了解我们的产品或服务，能促使他们下单，以此来提升转化率。

需要确定的是本次成交的数量，保底目标是多少，以及冲刺目标是多少。按照具体的目标确定分化的渠道，如果只是小规模测试，那么只需要在小范围内发布就行了；如果制定的目标比较高，那么需要大规模的发售，把一切能够触达的粉丝要全部通知一遍，能够调用的资源全部用上，甚至还要启动裂变，最大限度地筛选潜在客户进群。

定位目标客户

在第 1 章里，我们提到了决定销售结果的关键因素之一是客户"数量和质量"。数量指的就是有多少人是我们活动的目标客户，而质量指的是这些客户是否符合我们的要求。只有数量和质量并存，发售的结果才会更好。

我们要先了解客户是什么样的人，在哪里可以找到他们，通过哪些渠道和方法找到他们。

精确判断客户最简单的方法就是先确定要销售的产品是什么。我们要根据这个特定的产品来找出哪些客户会对它感兴趣，并且这个产品确实能解决他们的问题和帮助他们拿到结果。

例如，我要销售的产品是"社群发售操盘手"闭门会，那么我的精

确客户就是那些有梦想、有产品和有客户，想用社群发售来批量成交的中小微企业老板、实体店老板、超级个体等。他们需要学习如何利用社群发售技术将自己的产品或服务卖出去，从而获得更多现金流。同时，他们也可以利用这套发售技术帮助更多的人进行社群发售，实现批量成交。

搭建高效团队

一场成功的社群发售离不开运营团队的高效配合。团队成员之间需要提前了解各自的职责，清晰各个岗位的任务，整个团队才能像齿轮一样严丝合缝地配合运转。

你可能会说，我现在没有团队怎么办？你也可以搭建临时团队，或者一人多岗，前提是你必须先了解有哪些岗位和每个岗位的职责是什么，这样你才能够更好地控制活动的节奏和进展。以下是团队成员的岗位及职责。

操盘手

操盘手是社群发售中最重要的指挥官，主要职责是策划、组织、推动和督导，确保发售活动顺利进行。具体来说，操盘手的职责如下：

- 制定发售策略。根据产品特点、目标市场和社群成员的需求，制定具有吸引力的发售策略，包括发售方案、时间、方式、价格策略等。
- 建立发售团队。招募和组织一支有想法、有执行力的团队，负责发售活动的各个阶段，包括策划、预售、发售、售后支持等。
- 沟通协调。与发售团队、产品团队、推广团队以及社群成员保

第3章 造势：让客户知道你要卖产品，不仅不反感，还帮你宣传

持密切沟通，确保信息的准确传递，及时解决问题，保证发售活动顺利进行。
- 营销推广。制定并执行有效的营销策略，通过各种渠道进行产品推广，吸引更多的潜在客户参与发售活动。
- 数据分析。收集和分析发售数据，跟进发售活动的效果，及时调整策略，优化发售流程。
- 财务管理。负责发售数据的整理和汇报，确保资金安全和财务透明。

操盘手需要具备全面的管理能力和领导能力，才能够带领团队高效地完成发售活动，并确保客户满意度和发售业绩的提升。

运营官

运营官负责社群发售活动的日常运营管理工作。运营官需要制定并执行社群活动的运营策略，包括提供产品信息、跟踪用户需求、制造话题、组织社群互动等，以吸引更多的潜在客户参与发售活动。

群管理

群管理负责社群的管理工作。群管理需要欢迎新人进群，维护群秩序，审核新成员加入申请，解答群成员的问题，配合运营官保持活动节奏，引导客户参与活动，促进群内人员之间的交流和互助。

活跃官

活跃官是社群发售活动中非常重要的一个角色。活跃官不是"水军"，也不是"托儿"，他们是你的铁杆粉丝或老客户，是真心喜欢你、愿意给你赋能的人，需要在社群中以身作则，引导群成员参与互动，答

疑解惑，增加用户真实参与度，提高社群黏性。

主持人

主持人负责社群发售活动的直播或社群发售活动现场的主持工作。主持人需要准备好主持稿，并具备良好的口才和互动能力，与参与者进行互动交流，提高活动的参与度和趣味性。

讲师

讲师是本场社群发售活动中的"影响力人物"，负责向群成员传授品牌或服务相关专业的知识和经验。需要准备好讲座或培训课程的内容，以通俗易懂的方式为群成员讲解，解答他们的问题和疑惑，建立信任和激发欲望，实现批量成交。

设计师

设计师负责社群发售活动的视觉设计工作。设计师需要设计吸引人的宣传图文、海报、短视频，使活动页面的界面和元素更加美观和有吸引力，提高用户的参与度和体验感。

内容官

负责社群发售活动的内容创作，需要提供高质量的内容，包括宣传文案、社群文章、朋友圈文案等，吸引用户的关注和参与。

团队成员之间需要相互配合，紧密合作，形成一支召之即来、来之能战的高效团队。例如，操盘手需要与运营官密切配合，根据实际情况调整发售策略；群管理与活跃官共同管理好社群活跃度和用户参与度；主持人与讲师共同为社群成员提供有趣和实用的内容。团队成员之间的

第 3 章 造势：让客户知道你要卖产品，不仅不反感，还帮你宣传

协作可以提高社群发售活动的效果，从而更好地促进发售成交。

设定入群门槛

在社群发售中，有一个常见误区，很多人认为进群人数越多越好，但其实关键在于拥有精准的粉丝，而不是人的数量。发售最终的目标是变现，单纯追求人的数量是没有意义的。为了提高成交率，我们需要设定门槛来筛选适合的潜在客户加入群内。只有拥有精准的目标群体，运营起来才更轻松，成交也更容易。

想象一下，如果我们拉进来很多泛粉丝，他们对我们的产品或服务并不是真正感兴趣，那么我们的宣传和资源就会被浪费掉。相反，设定门槛可以确保我们吸引到对我们的产品真正感兴趣的人，这样我们才能更好地满足他们的需求，激发他们购买的欲望。

所以，别被"人数"迷惑了，关键在于找到那些真正对我们的活动感兴趣的粉丝。这样，我们才能更有效地运营好社群，提高销售转化率。记住：**粉丝在于精，而不在多**。

至于如何设定合理的门槛，我们在第 2 章已详细讲过，在此不再赘述。

选取社群名称

一个好的群名称能够吸引潜在客户的注意力，增加他们入群的渴望，也能够传达出我们的品牌形象和特点，传递品牌信息和价值观，帮助潜在客户更好地了解我们的产品或服务。

群名称要简单易懂，不要太长或太复杂，要让人容易记住；同时要突出你的特点，让人一看就知道你的优势；还要有创意和趣味性，让人感到好奇并想加入进来。最重要的是要与你的目标人群相契合，考虑他们的喜好和兴趣，选择合适的风格和语言。综合考虑这些因素，选取一个好的群名称能够吸引更多的人参与，提高你的社群发售效果。

举个例子，如果你的目标人群是想减肥变瘦的人，群名称可以是"瘦身小秘密俱乐部"。这个名字简单明了，让人一看就知道它是和减肥相关的。同时，加上"小秘密"这个词让人觉得有点神秘和独特，会想进去看看有什么好的减肥方法。这样的群名称与目标人群的兴趣契合，能够吸引他们的注意力并促使他们加入进来。

策划入群流程

"拉人进群还需要策划流程？我以为随便拉进去就行了。"这是我给学员讲课时，99%的人做出的反应。他们觉得拉人进群是非常简单的事情，根本没想过还需要策划一套流程。

策划一套良好的入群流程是吸引和留住潜在客户的关键，它能够建立起初步的信任和互动，为后续的社群发售活动打下坚实的基础。

如果没有提前策划好入群流程，就直接把人拉进群，可能会导致新进群的人感到困惑，不知道接下来该干什么、不该干什么，甚至会感到迷茫。这不仅会影响他们的体验感，还可能导致他们屏蔽群或退群。

就好比你邀请别人来你家做客，你是不是需要提前告知客人你请客的时间、地址和路线？只有让客人感受到你的热情和细心，他才更愿意

第 3 章 造势：让客户知道你要卖产品，不仅不反感，还帮你宣传

接受你的邀请。

入群流程＝提前告知＋入群邀请＋热情接待＋活动预告，我会在第 4 章详细分享。

设计社群内容

社群发售中，社群内容的设计非常重要。我们邀请这些潜在客户进入社群，如何让他们感受到价值、愿意留在群里听我们讲，并最终购买我们的产品，就全靠社群内容了。那什么是社群内容？

所谓社群内容就是社群成员共同创造、分享和讨论的信息、知识和经验等，以文字、图片、视频和音频等形式呈现。社群内容是社群的核心，能吸引和留住成员，促使成员之间交流和互动。

在策划社群内容时，我们不能一上来就发广告链接，让潜在客户直接购买你的产品。如果你刚把客户拉进群就急着打广告，推荐你的产品，会让客户觉得你只是想从他们口袋里掏钱，而不是真正关心他们的需求和问题，这样会让客户很排斥，甚至会不愿意再搭理你。

相反，如果你能从他们的角度出发，设计出有节奏的、让他们感到有价值的内容，那么他们就会更愿意参与你的活动，持续关注你的社群，听你讲解，甚至主动买单。

那么，具体要怎么设计这些内容呢？别着急，我在第 4 章的"序列内容"中会为你详细讲解。现在，你只需要记住，好的社群内容就像一篇精彩的故事，让群成员一步步地跟随你的节奏，感受到你的用心，最后被你提供的价值所吸引。

确定领导者

为什么社群需要"领导者"？想象一下，我们加入了很多社群，有些社群冷清无人，没有人欢迎，也没有人交流，我们不知道这个社群的目的和价值。另一些社群则非常热闹，很多人在聊天，但我们却不知道听谁的，也不知道该做些什么。面对这两种情况，你会有什么感受呢？是否还愿意关注这个社群，对它的活动期待吗？出现这种情况的原因是缺乏"领导者"。

什么是"领导者"呢？他们是负责组织、管理和指导社群运作的人，确保社群的秩序和发售活动正常进行。不同社群类型称谓不同，比如在教育社群中，可以是讲师或管理员；在社交平台中，可以是群管理员或主持人。他们在社群中起到管理和领导的作用，促进成员之间的交流和协作。

其中，活动的发起人或举办方是社群重要的"灵魂人物"，所有工作人员都需要塑造和推崇他。这个人不需要经常出现，但一旦出现，会有很大的影响力和权威感。

作为"领导者"，每个人都需要反复强调自己的身份和职责，可以在群里介绍自己，修改群昵称，这样每次说话时，别人都能看到你的身份，比如修改群昵称为"管理员－小爱""主持人－沙沙""分享嘉宾－华老师"等。同时，通过在群里多次发言，大家也能看到你的身份，在群成员需要你的时候能够及时找到你。

例如，"大家好，我是本群的群管理员－小爱，负责维护纪律和安排活动，我每天16小时为大家服务。如果有问题，请在群里@我……"

第3章 造势：让客户知道你要卖产品，不仅不反感，还帮你宣传

做好角色分工还不够，关键是让群成员清楚知道遇到什么事情应该找谁，谁有决策权，让群成员感知到这个群是有组织、有人管理的，并且做到事事有回应，件件有落实。这样，他们更愿意信任我们，为后续的发售打下良好的基础。

总之，"领导者"对于社群的组织、管理和发展至关重要。他们可以维护社群秩序，指导和支持成员，促进交流和协作，塑造社群文化和价值观。只有确定领导者和强调他们的身份和职责，社群才能够有序、有活力地发展，成为一个有价值的集体。

什么样的人适合当社群领导者？他们应具备哪些特质呢？

- 沟通能力。具备良好的口头和书面沟通能力，能够清晰地传达信息，并有效地听取成员的意见和反馈。
- 领导能力。具备有效地领导和管理社群的能力，能够制定和执行目标，并激励成员积极参与。
- 组织能力。善于组织和安排社群的活动和任务，能够合理分配资源，确保社群运作顺利进行。
- 坚持和耐心。能够坚持和持久地投入到社群发售活动的发展中，处理问题和挫折时保持耐心，遇到问题不抱怨，而是积极寻找解决方案。
- 社交技巧。具备良好的人际关系和情商，能够建立和维护良好的成员关系，增强社群凝聚力。
- 公正和包容。能够以公正和公平的态度对待所有成员，处理冲突和纠纷时保持客观和平衡。
- 学习和成长。保持空杯心态，才能够持续学习和成长，不断提

升自己的知识和技能,以便更好地管理好社群和服务好群成员。

这些良好的特质可以帮助社群"领导者"有效地引导社群成员,推动社群发售活动的发展。

多渠道推广,筛选更多精准客户

当我们成功地搭建转化群后,接下来就是将活动发布出去,实现多点爆破。"凡事预则立,不预则废"。在开始推广之前,我们需要做好充分的准备,准备好各种素材,如文案、图片、视频和客户见证等,这些都是我们在发售"战役"中的法宝。

爆破素材准备

造势的核心就是把活动信息传播出去,那么需要传播哪些内容,准备哪些素材呢?

文案是传播的基石。通过巧妙地撰写吸引人的序列文案,不但能抓住潜在客户的眼球,还能激发他们对活动的兴趣。精炼简明的文案能够清晰传达活动的核心信息,吸引更多的人参与。

海报是重要的传播工具。精心设计的海报和视觉元素是吸引人们注意力的重要工具,它们能够通过视觉冲击力传达信息,传递活动的价值和亮点,立即吸引客户的注意力,让他们产生一种强烈的冲动,想要了解更多关于活动的信息。

第3章 造势：让客户知道你要卖产品，不仅不反感，还帮你宣传

无论是活动海报、产品展示图还是创意插画，都可以通过视觉的魅力来有效地传播和推广我们的活动。在第2章中，我们详细分享了如何制作吸睛的海报，在此不再赘述。

短视频是必备的传播利器。短视频在社交媒体上具有巨大的影响力，能够快速吸引并抓住观众的注意力。官方数据表明，短视频的传播效果比其他形式的内容要高出10倍以上，更容易让用户记住并分享。所以，你应该提前准备好短视频素材，以扩大品牌影响力和信息传播范围。

客户见证是成交的超级加速器。"自说远不如他说"，人们总是更倾向于相信亲身经历或口耳相传的故事，而客户见证就是最佳证明。通过分享客户成功案例，可以向潜在客户展示独特价值和卓越成果，激发他们对活动的浓厚兴趣，进一步增强潜在客户参与活动的意愿。

文案撰写重点

在辅助企业做社群发售的过程中，他们提到文案是最有挑战性的素材之一，因为文案类型繁多，包括公众号文案、朋友圈文案、社群文案、短视频文案、私信文案、群发文案、品牌文案、团队文案等，或许你也有同感吧。

实际上，写文案并没有想象中那么难，你只需要围绕"发售活动"的核心展开来写即可。

- 这是一场什么类型的活动？
- 活动的组织者是谁？有什么背景或背书？

- 你的目标客户是谁？
- 目标客户有什么痛点、梦想和抗拒点？
- 你能解决他们的哪些痛点？或帮他们实现什么梦想？
- 发售活动具体的时间和周期？
- 活动的亮点和特色是什么？

如果你认真完成了前两章的内容指导，那么以上的问题都会迎刃而解。如果你掌握了 AI 工具，那只需要输入一些提示词，写文案就更会得心应手。

在发售文案中使用频率最高的是朋友圈文案，因为朋友圈是一个重要的"会客厅"。你想要了解一个人或一场活动时，你会第一时间去看他的公众号、视频号，还是朋友圈呢？答案自然是朋友圈了。我认为做一场发售，也许你不会写公众号文章，不会发视频号，但你肯定会发朋友圈。

写朋友圈文案其实并不难，你只要掌握一些公式或模板，就能轻松搞定。很多人其实肚子里是有内容的，但就是不知道怎样把它表达出来，形成不了一条好的文案。现在你别担心，我会教你一些常用的公式，帮助你在撰写文案时找到灵感。

请教式：抛出问题 + 请人帮忙 + 指令

举例：很多朋友都在问我，新书什么时候上市？刚好我也想请老板们帮个忙，看看刚刚设计出来的这两款新书封面，你们喜欢哪一个呢？回复数字并说出理由，我会挑选回答最用心的朋友免费赠送一本签名版新书。

揭秘式：精准人群 + 揭秘 + 悬念

举例：想用社群发售提升三倍业绩的伙伴注意啦！我们公司经过开

会讨论，决定在 3 月 28 日到 4 月 3 日举行"社群发售操盘手"闭门会，参与通道会在下一条朋友圈开放，感兴趣的伙伴请继续关注朋友圈。

官宣式：精准人群 + 好处（痛点）+ 指令

举例：想要变瘦变美的姐妹们，你们期待已久的减脂俱乐部正式开始啦！如果你想海吃海喝一个月还能瘦 10 斤，随便都能穿出美美的感觉，成为他人羡慕的宠儿，请立即扫码参加俱乐部，活动截至今晚 12 点整。

痛点式：问题 + 建议 + 好处 + 呼吁行动

举例：如果你现在有好产品，有粉丝，但就是不知道如何把它们变成钱！建议你来参加"社群发售操盘手"闭门会，仅需 10 天，不仅能帮你快速打造现金流，还能帮你快速传播品牌，提升影响力。感兴趣的赶紧扫码下面的二维码占位，仅剩最后 10 个名额。

结果式：精准人群 + 痛点 + 结果 + 建议

举例：实体店的老板刘总，曾经每天都是等客上门，一到月底，就为房租、水电费、人员工资愁得睡不着觉。后来他加入"社群发售操盘手"实战营，做了一场发售活动，把老客户变成了社群会员，现在每天都有人排队来店购买……如果你曾经也遇到和他一样的问题，强烈推荐你来跟他一起做同学，赶紧扫描下面的二维码参加，仅限最后 3 个名额，错过再等半年！

发售式：实时播报 + 塑造价值 + 发售 + 紧迫感 + 零风险承诺

举例：现场太火爆了，刚发售 10 分钟，优惠名额已经被抢走了 88

个！原价 9980 元，现价仅需 5980 元，还能获得价值 6000 元的一对一咨询诊断一次……仅剩最后 12 个名额，抢到就是赚到，认真学习后，觉得不值退回 6000 元，你没有任何风险，赶紧占位。

以上朋友圈文案撰写的六大公式仅供你参考，你需要根据客户的属性、产品的特色灵活运用。

多渠道推广

"万事俱备，只欠东风"。准备好了所有的素材，接下来就要把这些素材以文字、海报、图文、短视频的形式发布出去，发布的渠道一般分为两大类。

内部渠道

自己及团队的朋友圈、微信群、公众号、视频号、小红书及其他能分发的自媒体平台。

外部渠道

合作方的微信群、朋友圈及自媒体平台。

在发布的过程中，你可以借鉴以下步骤，巧妙运用一些小技巧来增强推广效果。

第一步，发布活动通知。建议先在公众号或朋友圈预热发布，起到权威通知的作用。如果你没有公众号，那么就要先在朋友圈里进行序列活动通知。

公众号能够发布中长篇文章,把整场活动及价值清晰地呈现出来,方便潜在客户全面了解。

在私信或群发之前,一定要记得提前以文字、海报、视频及图文的形式,把与活动相关的信息在朋友圈充分展示清楚。这样我们在群发或私发通知的时候,对活动感兴趣的潜在客户,就可以通过公众号文章或朋友圈了解活动的详细情况,同时也让客户感知到我们对这场活动的重视。

第二步,进行序列公告。所有的群公告、朋友圈建议都以"序列号"的形式呈现,让活动有序、有节奏地进行。如《序列式运营》新书发布会公告01、《序列式运营》新书发布会02……

第三步,精准有序发布。根据不同的标签及客户身份,用不同的方式和不同的文案发布,让对方感受到价值和尊敬,这样对方也更加重视我们的活动,更愿意花时间来参与。

在私信或群发之前,要提前罗列名单,提前3~10天通过在朋友圈点赞、评论或私信的方式互动,建立印象和好感,有助于筛选更多的潜在客户和提升发售业绩。

请切记:不要发第一条信息时就向对方收钱或提出要求,这样会引起对方的反感和尴尬,而是要先有一个简单的互动动作。比方说,当你介绍完活动的亮点和价值后,可以告诉对方,"如果你感兴趣,可以回复666,我发绿色通道给你。"再针对回复了指令的人,发送一个指令,如收款二维码或入群邀请码。

在群发的时候,人群也要注意区分,贵人、老师、大咖或关系特别亲密的人，不建议群发，必要的时候可以一对一邀请，这样才能让对方感受到尊重，他们也更愿意帮助你。

发售案例文案精解

为了方便你更好地理解和应用序列文案，我来拆解一个案例，这个案例是我帮《引爆微信群》的作者老壹老师操盘他的新书《序列式运营》发布会，我们就是用这种方法，仅通过两个社群，三天的时间成功售卖了 2000 多册新书。

让我们一起来看看我们到底准备发哪些素材，看完你就更加清晰了。限于篇幅，我将重点拆解部分文案。

1. 老壹老师本人文案案例

（1）公众号文案

亲爱的小伙伴们，你们好，我是老壹。

之前我的两本社群畅销书《微信群》《引爆微信群》全网阅读量和收听量突破 1000 万，想必你已有所耳闻！

时隔两年，汇集了我最新的社群营销实战成果的新书《序列式运营》即将上市，书中包含了"普通人制造疯抢的柔性销售秘笈和案例"！

如果你想快人一步窥见书中的干货知识，并全程参与本书的社群发售……加二当家陈栋老师微信，私信 0.1 元门槛费，抢占新书发布会群

第3章 造势：让客户知道你要卖产品，不仅不反感，还帮你宣传

资格。

进入新书发布会群，你将收获：

- 在新书出版上市之前，先人一步窥见新书干货；
- 全程观摩新书社群发售流程，价值3000元；
- 优先参与第一批新书预购，还赠送签名版；
- 序列式运营干货分享。

立马添加陈栋老师微信，支付0.1元门槛费，拉你进群。仅限前200名，截止时间为9月1日。

（2）朋友圈文案

朋友圈采用的是序列式发布方式，在策划阶段就已经开始循序渐进地预热，在此我展示几条供你参考。

【新书即将上市01】

伙伴们，你们期待已久的《序列式运营》新书即将上市啦，感谢大家的关注。接下来，我会在朋友圈持续"透露"一些关于新书的精彩内容，如果你也想提前窥见书中的精华内容，请持续关注朋友圈。

【新书即将上市14】

这本书分为三个大的篇章：

- 第一篇展示序列式社群运营能发挥的作用，以及对营销的变革；
- 第二篇解析序列式社群运营必备的思维和态度；
- 第三篇系统揭秘社群序列式发售的整个设计流程。

【新书即将上市 28】

之前我的两本社群营销书《微信群》《引爆微信群》的全网阅读量和收听量突破 1000 万，想必大家已有所耳闻！时隔两年，汇集我最新的社群营销实战成果的新书《序列式运营》即将上市，书中包含了"普通人制造疯抢的柔性销售秘笈和案例"！

如果你也想快人一步窥见书中精华，并全程参与本书的社群发售……转账 0.1 元门槛费，拉你进群。目前仅剩最后 20 个名额！

其实不难看出，和传统销售不同的是，我们不是一上来就直接开卖，而是通过序列式的朋友圈，就像电视连续剧一样一集一集、一步一步地把整个活动由浅入深地推上高潮。

（3）群发文案

你好，我是老壹。

之前我的两本社群营销书《微信群》《引爆微信群》全网阅读量和收听量突破 1000 万，想必你已有所耳闻！

时隔两年，汇集了我最新的社群营销实战成果的新书《序列式运营》即将上市，书中包含了"普通人制造疯抢的柔性销售秘笈和案例"！

如果你想快人一步窥见书中精华，并想全程参与本书的社群发售……只需支付 0.1 元门槛费，拉你进群。目前仅有最后 200 个福利名额！如你或身边的朋友感兴趣的话，请回复 666，我发入群通道给你。

（4）私信文案

（称呼），你好，好久不见。之前我的两本社群营销书《微信群》

第3章 造势：让客户知道你要卖产品，不仅不反感，还帮你宣传

《引爆微信群》全网阅读量和收听量突破1000万，你都阅读了吧？

时隔两年，汇集了我最新的社群营销实战成果的新书《序列式运营》即将上市，书中包含了"普通人制造疯抢的柔性销售秘笈和案例"！

如果你想快人一步窥见书中精华，并想全程参与本书的社群发售……只需支付0.1元门槛费，拉你进群。目前仅剩200个福利名额！感兴趣的话请回复"1"，我发入群通道给你。

(5) 社群文案

群里所有想要通过社群提升三倍业绩的小伙伴请注意啦！

你们期待已久的《序列式运营》新书即将上市，书中包含了"普通人制造疯抢的柔性销售秘笈和案例"！

如果你想快人一步窥见书中精华，并想全程参与本书的社群发售……只需支付0.1元门槛费，我拉你进发布群。目前仅剩20个福利名额！

2.团队文案

(1) 朋友圈

各位老铁，社群营销专家老壹老师的第三本新书《序列式运营》即将上市啦，书中包含了"普通人智造疯抢的柔性销售秘笈和案例"，帮助你轻松提升1~3倍业绩！

如果你想快人一步窥见书中精华，并想全程参与本书的社群发售……只需支付0.1元门槛费，我拉你进发布群。目前仅剩20个福利

名额！

（2）群发（私信）

你好，我是××。

社群营销专家老壹老师的第三本新书《序列式运营》即将上市，书中包含了"普通人制造疯抢的柔性销售秘笈和案例"，帮助你轻松提升1～3倍业绩！

如果你想快人一步窥见书中精华，并想全程参与本书的社群发售……只需支付0.1元门槛费，拉你进群。目前仅剩20个福利名额！

如你或你身边的朋友感兴趣的话，请回复666，我发入群通道给你。

··

从上面的文案拆解中，你是不是也发现了一些秘密？身份不同、对象不同、场景不同，文案也是不一样的，你需要根据具体情况灵活运用。

重点回顾

这一章主要讲了如何寻找合适的发售角度、构建价值千万的成交群、多点爆破等多维度去造势，吸引客户的注意力，让他们知道你要卖产品，不但不反感，反而还帮你宣传。

第 4 章

加热:序列运营促活用户 实现自我成交

"欲将取之,必先予之",也就是说你想要得到回报,就需要先付出行动或资源。在实现一次成功的发售之前,我们需要先满足对方的需求、提供相应的价值或条件。

为客户制造惊喜,提供足够的价值

在社群发售时,我们需要通过巧妙的策略来加热市场,吸引目标客户的关注和参与。我们要在适当的时机使用吸引人的内容、有吸引力的广告或营销活动来激发客户的兴趣和需求。

同时,我们也可以通过加热的过程将用户的需求和兴趣提升到一个高点,使他们愿意采取行动并进行购买。

什么是加热

加热就像我们烧开水一样,通过持续地加热,水壶内的水越来越接近沸点,直到最终冒出蒸气沸腾,这个过程就是加热。也就是说,在正式发售之前,我们要给已经加入社群的潜在客户带来足够的惊喜和价值。在他们决定购买之前,我们需要给予他们充足的理由去喜欢我们的产品,把他们的渴望提升到一个高点。

第4章 加热：序列运营促活用户实现自我成交

你通过加热这个过程，向他们展示产品或活动价值，展现你的专业和权威性，与他们建立良好的亲密关系，并让他们主动付费购买你的产品。现在已经从你向他们大喊"快来买我的产品"，变成他们主动对你说"我要购买你的产品"。

八大心理诱因

任何一种产品都有它的存在价值，而它的价值是否能实现，取决于客户是否对它有需求。换言之，要想让客户做出"买"这个动作，就要看在加热和发售的过程中，有没有激活客户的心理诱因。

心理诱因是影响客户行为模式和决策方式的关键因素，它们有着无比强大的力量，在我们的潜意识中发挥作用。以下是在社群发售中常用到的八种心理诱因，如图4-1所示。

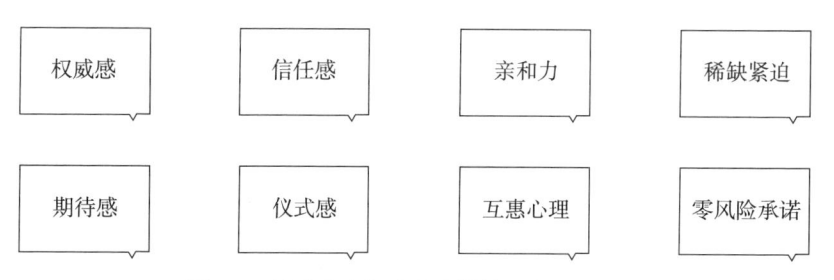

权威感　　信任感　　亲和力　　稀缺紧迫

期待感　　仪式感　　互惠心理　　零风险承诺

图4-1　影响客户行为和决策的八大心理诱因

权威感

为什么人们都相信权威？因为我们的思维方式被"预设"了，从小接受的教育告诉我们，专家和权威人士的话是可信的。这种预设让我们把权威当成了"金标准",即使有时候他们的建议并不适用,我们也会觉得"总不会有错吧"。

另外,人类天生有"从众心理",当我们看到大量的人相信某件事情时,我们也会倾向于相信它。

举个例子,我们带小孩去看医生,都希望能挂上"专家号",如果有"专家主任号"那就更好了。我们一定会认真聆听他的建议,即使不认同他的话,也不会直接提出反对意见。

权威和大众信仰对于我们来说是一种"安全信号",让我们在信息时代可以有个依靠。

你要如何展示自己的权威来增加影响力呢?

首先,你可以展示自己的头衔和背景信息。如果你是某个品牌的创始人或在某个领域拥有专业知识,那么将这些信息展示出来有助于建立权威形象。例如,你可以在社交媒体或个人介绍中提及你的头衔和品牌创始人身份,让人们知道你在行业中的地位和经验。

其次,你可以展示自己的成就和高光时刻。让人们了解你过去取得的重要成就,比如一场具有里程碑意义的发售活动带来的50多万元的销售额。这样可以突出你的专业能力和成功经验,让潜在客户对你产生信任和兴趣。

再次,展示你的绝活也非常重要。你可以告诉人们自己擅长的技能,比如你擅长批量成交的社群发售技巧。通过展示专业技能,你要让人们相信你具备解决问题的能力,从而更积极地与你合作。

最后，你还可以分享你的成功案例。让人们了解你帮助过哪些人，以及他们通过你的帮助获得了什么样的结果。这些案例可以呈现在网站、社交媒体或素材中，让潜在客户了解你的实力和价值。

总而言之，在展示自己的权威时，要结合头衔、成就、绝活和成功案例来向人们展示你的专业知识和经验。

信任感

无论是个人还是组织，信任是赢得他人尊重和支持的前提条件。在生活中，当父母、闺密或谈得来的朋友告诉你某个消息时，由于平时关系不错，你会对他们说的话深信不疑；而一位陌生人告诉你同样的事情，你则会心存疑惑，不以为然，这就是信任的力量。

那么，如果你想在客户那里获得更多的信任，有几种常见的方式可以帮助你实现。

第一种方式是通过讲故事来建立信任感。你可以分享你的品牌故事或创业故事，让客户产生共鸣和情感联结。故事能够触动人心，让人们更容易与你建立联系，并相信你的价值观和承诺。

第二种方式是借助背书来迅速建立信任，比如和名人合影，拥有某项专利或作品，以及拥有多个令人羡慕的身份，等等。这些事实和成就能够给客户一种声望和专业性的印象，提高他们对你的信任度。

此外，你还可以展示你目前所拥有的资产和资源。这些资产可以是具体的物质财富，也可以是你所积累的知识和经验。客户会更信任那些在资产方面有所积累和储备的人，因为这展示了他们的实力和可靠性。

亲和力

亲和力是一种神奇的东西，虽然看不见摸不着，但通过对方的一言一行，它能悄悄地产生作用。当你与客户打交道时，如果能够给他们留下靠谱且亲和的印象，他们就更愿意听你的建议。随着你的影响力渐渐增大，你也能取得更好的效果。

如今的社交时代，人们不喜欢与冰冷的机器人打交道，更不愿意与企业或品牌交流。他们喜欢与真实存在的人交流，哪怕只是一句问候、一个微笑、一句赞美……这些简单而真诚的举动，都能带给他们温暖和舒服的感觉。

所以，在社群发售活动中，你需要安排一些超级个体去代替品牌与客户接触、联系和服务，让客户能感受到亲和力和温度。只有这样，他们才会感到满意和开心，愿意在我们这里购买，也更愿意来复购产品或帮我们裂变。

稀缺紧迫

稀缺紧迫是一种超级强大的诱因。人们在面对稀缺的东西时，往往会产生一种特殊的心理反应。当我们意识到某个资源有限或时间有限时，我们会感觉到一种紧迫感和渴望，想要抓住机会以免失去它。

想象一下，你去一家商店看到一只非常漂亮且心仪已久的手提包，但是店员告诉你，这个款式是限量版，只剩下最后两只，你会不会有一种强烈想要拥有它的欲望？你想要抓住这个稀缺物品，因为你知道这个物品可能很快就抢购一空。于是，你为了不错过这个难得的机会，毫不犹豫地掏出钱包，买下了这只手提包。这就是稀缺的威力。

第 4 章　加热：序列运营促活用户实现自我成交

当我们意识到某个东西很稀缺，我们就会变得异常渴望拥有它。这种渴望往往是由于我们害怕错失这个特别的东西，所以会加倍珍惜并追求它。不仅如此，在追逐稀缺物品的过程中，我们还会感受到一种满足感和成就感。因为我们成功地抓住了稀缺的宝贝，这让我们觉得自己与众不同。

在发售的过程中，你一定要利用稀缺紧迫的心理诱因，它可以激发客户的兴趣和欲望。例如，你可以利用名额抢光、赠品发完、即将涨价、时间截止等策略，促使他们快速做出决策和购买行为。这种稀缺紧迫感会让客户觉得如果他们没有在发售结束前购买产品，就必须承担负面的结果，如图 4-2 所示。因为他们不想错过，所以会火速行动起来。

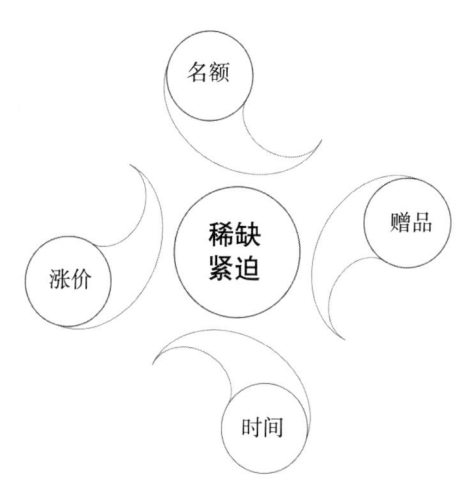

图 4-2　四大维度塑造稀缺紧迫

不过，值得提醒的是，记得要合理运用稀缺紧迫，如果过度使用，可能会引起人们的反感和疲劳。我们要让客户感受到稀缺紧迫的震撼力和特殊性，而不是让他们感到受限和被控制。

现在你明白了吧，稀缺紧迫是一种超级强大的心理诱因。如果你想吸引别人的眼球和兴趣，能激发客户的欲望和行动力，记得每一次发售时都要巧妙运用上，确保你的发售业绩至少增长三倍。

期待感

期待感是一种人们常常经历的情感体验，它源自对未来的期望和渴望，伴随着对于未知的好奇心和期盼。它可以激发人们的动力，带来愉悦和兴奋，并促使人们积极地迎接即将到来的事物。

某位作者的新书即将发售，但出版社通过社交媒体只先行发布了书籍封面和一些精彩片段。这一举动引起了读者的关注和好奇心，他们开始留意每一条关于这本书的消息，迫不及待地想知道更多。

出版社还设计了新书金句和倒计时海报，宣布了正式发售的日期。在这个过程中，你会不会开始产生期待感？希不希望这本书带给你新的阅读体验和收获？

随着发售日期越来越近，你的期待感不断累积，甚至可能转化为兴奋和焦虑，因为你越想读到这本书，越觉得时间过得太慢。

为什么说期待感是一种强大的心理诱因呢？

首先，它刺激了你的好奇心，当你对某件事感到好奇时，你会希望了解更多，来满足你的求知欲，这种好奇心和欲望会促使你很想购买这本书。

其次，期待感也和稀缺性紧密相关，人们总是对稀缺的东西更感兴趣并渴望拥有。在社群发售过程中，披露出的信息和预告片段是有限的，而且一本书的发售日期也是确定的。这种稀缺性让你觉得如果不抓住这个机会，就有可能会错过了解和获得这本书的机会。

最后，期待感还加强了你对这本书的情感联系。当你渴望一件事情并最终得到时，你会感到满足和愉悦。这种心理上的奖励会加深你对这本书的喜爱和忠诚度，你会更愿意与他人分享自己的阅读体验，从而推动销售。

在发售时，如果你能正确利用人们的期望心理，塑造好产品价值，他们就会在日历上把你产品的发售日期圈起来，甚至调好闹钟，满心期待这一天的到来，就像追剧一样，迫不及待地想知道下一集的剧情发展。

当你同时触发期待感与其他心理诱因时，它们会相互作用，带来超乎想象的影响力。

仪式感

张爱玲曾说，生活需要仪式感。这句话真是说得太对了！其实不只是生活需要，消费过程中也同样需要仪式感。

仪式感就像一种神秘的魔法，给我们的生活增添了色彩和意义，它让我们在平凡的日子里，感受到了特别的存在，让我们对未来充满了期待和激情。

咱们来好好想一想，为什么你总是期待重大活动的到来？为什么会全身心地参与其中？因为参与其中给你的心理带来了另一种特殊的感觉，那就是仪式感。

就拿消费来说吧，你肯定也有过这样的经历，当你决定买一件心仪已久的东西时，你会怎么做呢？你可能会先找到它的发布日期，还会留意一些宣传活动，或者关注一下网上的预售信息，这些都是为了给你的购买行为增添一些仪式感。

比如说，某品牌要推出一款全新的手机，它们会提前公布发布日期，并举办一场盛大的发布活动。在这个活动上，你可以看到一些明星嘉宾，还有专业人士对产品进行解读和演示。这种场面让人兴奋，也会让人产生一种参与其中的感觉。这就是仪式感的魅力！

再举个简单的例子，你可能会听到一些商家宣传"限时优惠""双十一狂欢购物节"之类的活动，这些都是为了给消费者提供一种特殊的体验，让他们感受到参与其中的乐趣和刺激。也许你在平时并不会主动购买那些东西，但是在这种特殊的时刻，你很有可能会被仪式感所驱使，直接下单购买了。

换言之，仪式感是一种心理上的激励，可以让消费者更加投入购物过程，增加购物的乐趣。它并不仅仅指具体的仪式，而是指通过仪式所传达出的重视、尊重、期待和兴奋的感觉。

互惠心理

互惠心理是一种非常重要的心理诱因。这个心理诱因也是商业和社交的基础。当别人给予我们某样东西或帮助时，我们会感到有义务回报他们。

实际上，互惠心理在我们日常生活中随处可见。举个例子，我们都知道春节是一个互赠礼物的传统节日。如果有一位亲戚或朋友出现在你家门口，双手奉上一份礼物，而你却没有礼物回赠给他们，你会有一种亏欠的感觉。无论是在过节还是平时，当别人给了你好处，而你却无法回报时，你会感到愧疚。

在造势和加热阶段，你可以给予潜在客户一些免费的精彩内容，以此建立一种互惠关系，加热内容的价值越高，这种互惠关系就越明显。最终，在产品发售时，潜在客户想要回报你的可能性就越大，主动购买你的产品的概率也就越大，这种回报就等同于发售的实现。

在加热阶段，互惠心理会经历多个阶段。在发售之前，你要不断地给予他们价值，让他们感知到价值。他们从你这里得到的价值越大，好处越多，对你的亏欠感越强，更有利于后期的发售，所以你要善于运用互惠心理，轻松创造出一种双赢的局面。

零风险承诺

客户在付钱的时候，肯定都想得到最好的产品和服务，但是在做出购买决策之前，有时会感到迟疑和担忧。他们担心自己的选择是否正确，是否值得花这个钱，这时一个零风险承诺就能够帮助客户打消这些顾虑。

零风险承诺是指商家对消费者做出的保障，如果消费者在购买产品或服务后不满意，他们将退还货款或提供补偿。这种承诺给消费者一种安全感和信任感，能缩短做决策的时间。毕竟，谁不希望有一个保障呢？如果选择不好，还有机会补救。

假如你在网上看到一款新推出的智能手表的广告，它声称具有强大的功能和精准的计步器，你对这款手表很感兴趣，但也有疑虑：万一手表功能不如宣传的那么好怎么办？那我岂不是白花了钱？

这时，商家提供了一个零风险承诺：如果购买该手表后不满意，可以在一定时间内无条件退货，并全额退款。这样的保障让你心中有了坚定的底气，因为你知道自己有选择权和保障。于是，你决定下单购买了。

当收到手表后，你迫不及待地打开包装，试用了一段时间，结果让你大吃一惊，手表的功能竟然比广告中宣传的还要出色，你非常满意，并且对商家给予了你这样的零风险承诺感到由衷的欣赏。最重要的是，你在购买前的担忧完全消除了，你觉得这次购买真是物超所值。

这个例子展示了零风险承诺作为一种心理诱因的强大之处。当消费者知道自己所获得的保障时，他们更愿意放下疑虑，勇敢尝试新的产品或服务。而商家也通过提供零风险承诺来表达对消费者的尊重和信任，从而赢得他们的好感和忠诚。

总之，零风险承诺不仅为消费者提供了安全感和信任感，同时也培养了商家与消费者之间的良好关系。它能够帮助消费者消除购买前的顾虑，让他们更有信心并快速购买。

现在，你已经了解了八大心理诱因，这些诱因无时无刻不在影响着客户的决策和行为。这些诱因并非孤立的，很多诱因都密切关联，以协同的方式发挥着作用，如果同时使用，那么威力将会翻倍。

比如，信任感和权威感紧密相连，当别人信任你时，你更容易树立自己的权威；稀缺性和零风险承诺提供了双重保障，某种产品或服务本来就很稀缺，每个人都想尝试，再加上零风险承诺，不合适的话还能退货或退换，购买者没有任何后顾之忧，于是立马就下单了……当你将这

第 4 章 加热：序列运营促活用户实现自我成交

些策略排列或叠加时，它们的威力就会变得更强大。

简单五招让用户瞬间消除陌生感，持续关注群活动

想要提升私域社群发售的成交率，从客户入群的第一刻开始就要把他们的注意力吸引过来，让他们自愿花宝贵的时间来关注你。

如何一步一步有节奏地吸引客户的注意力？让他们持续关注社群活动？做到这些其实并不难，重点是让客户在入群后，第一时间就能感知到这个群是他们想要的。不但群里的氛围让人感到轻松，主人热情有温度，而且提供的价值也正是自己想要的，这样他们才愿意关注群活动。

入群邀请

入群管理分为两个阶段——用户进群前和用户进群后，在每一个阶段都需要设计对应的动作，来提前"破冰"。

在用户确定要参与活动时，入群前我们先给他们打上标签，然后告知大约什么时候统一邀请进群，而不是一个一个地随意拉进群。这样做是为了激发客户对活动的期待，而且更有仪式感。

在正式邀请客户进群之前，我们还需要以私信或群发的形式给已经打好标签的用户发一条进群通知，看似不起眼的动作能让用户感受到组织感、仪式感、尊重感，以及团队的专业性和规范性。

比如，我们在邀请用户进群前可以先私信或群发告知大家一些这样

的内容：

- 向对方问好，感谢他耐心等待，告知他即将于什么时候邀请他进群，请他留意信息；
- 进群后，需修改群昵称，记得看群公告，将群置顶并领取福利；
- 活动即将于什么时候举行，将会有哪些亮点或收获；
- 还有哪些注意事项，禁止做哪些事情；
- 有任何不清楚的事情都可以找你解决。

这样可以提前让用户了解群内的相关信息，减少他们对新群的陌生感和焦虑感，让用户知道你一直在关心着他。看似这样一个简单的小细节，都能成为后面发售转化的一个重要环节。

群公告 + 群规则

在社群活动中有很多这样的情况，用户一进入就把群屏蔽了，为什么呢？因为有些群进去后很久都没有人说话，群里静悄悄的，一个字都没有。还有些群虽然热闹，聊天信息满天飞，像菜市场一样闹哄哄的，但都是一些没营养、没价值的内容。总之，用户进群之后会感觉：不知道这个群是谁创建的，是干什么的，会举办一些什么样的活动，在什么时候举行，以及能给自己带来什么价值。

就好比你受邀去朋友家做客，如果你满心欢喜地抽空赶到你朋友家，一进门家里却空荡荡的，主人也不出来迎接你，一个客人也没有，或者一走进去里面一堆人在高谈阔论，你一句话都插不上，大家根本无视你的存在，那你会继续留下来吗？

要想让用户关注你的群活动，你需要建立起良好的"第一印象"，让他感知到你这个群是有温度、有组织、有内容、有深度的，他才愿意留下来。新用户进入群内的前"60秒"的内容——群公告，非常重要，也决定了他会不会把群置顶，要不要继续关注群信息。

有效的群公告 = 入群即时欢迎 + 预告活动时间 + 明确社群价值 + 重申社群规则

入群即时欢迎

通常我们进入一个新群时，出于好奇心和新鲜感，前一分钟都会关注这个群，所以群公告传递的内容尤为重要。在用户进群的第一时间，首先安排好专人来迎接，让用户感知到热情，并提醒用户将群置顶。

预告活动时间

告知用户活动开启的具体时间，提醒他们安排好时间，调好闹钟，以免错过精彩内容。

明确社群价值

告知用户参与社群活动带给他的价值，再次提醒用户关注和参与社群活动。

重申社群规则

引导用户了解社群规则，讲清楚哪些事情可以做，哪些事情禁止做，一定程度上规避广告外链等与本次活动无关的内容，但语气不能太生硬，要保持原则和温度。

社群规则（群规）作为管理社群的准则，不是你写得越严格越有用，适当的时候去发放即可，但是在有人犯规的时候一定要发出来重申规则。

举个例子，下面是我们举办的一次社群提款机的欢迎语：

终于等到你啦，恭喜你抢占本次"社群提款机"门票，进群第一时间请将群置顶，本次活动将于明晚8点开启，你将收获：

①知道什么是社群提款机以及对你有什么帮助。

②社群提款机的6大优势，听懂多赚10万！

③4步打造你自己的社群提款机，随时随地轻松收钱！

我为人人，人人为我，为了给大家一个高质量的学习环境，请大家不要发与本群主题无关的链接以及广告，违规者第一次提醒，第二次小助手会自动抱出群。

不管你是卖实物产品还是虚拟产品，不管你是线上店铺还是实体店，或是企业，都可以套用上面的公式。

见面礼

我们都希望客户关注活动，参与活动，但是得有一个理由，也就是要让客户知道他参与你的活动，把时间花在你的这个群里面，能给他带来什么价值，而且还不能让他等的时间太久，最好让他立马得到。所以，在客户进群后，我们需要第一时间发放见面礼，让他立刻获得或体验到好处。

第4章 加热：序列运营促活用户实现自我成交

见面礼通常分为三种，一种是虚拟品，一种是实物品，另一种是虚实结合品。你可以根据自己的产品、项目、服务、资源来灵活设定。

虚拟品

虚拟品是指具有非实物属性，可以无限量复制的产品，比如电子书、音频课、资料包、秘籍、诊断、会员服务等。

特点：低成本、好复制、易传播、及时性、无售后，适用于任何场景和任何行业。

实物品

实物品是真实存在、可触摸的产品，比如围巾、衣服、水果、胸针、图书等。

特点：真实可信、成本高、价值大，适用于任何场景和任何行业。

虚实结合品

虚实结合品是虚拟品与实物品的组合，这样不但可以把客户引流进店，提升客户到店（场）率，提升客户的获得感，还可以为接下来的社群发售做铺垫，将成交率提升30%。

我的私董会学员刘总是两家高端品牌服装店的老板，在七夕活动时，我帮他设计了一款福利产品，凡进群的姐妹均可到店领取一瓶价值88元的情侣香水，还赠送现金抵用券10张，每张20元，总价值200元，购物满100元均可直接使用1张，使用期限为30天。这样的福利产品设计既满足了客户"占便宜"的心理，又提升了到店率，刺激了购买欲望，大大提升了成交转化率。

总之，选择见面礼要遵循以下四大原则。

关联性。关联性就是所选的福利与自己后期发售的产品本身有一定的关联性或互补性，即客户需要或必须使用这个福利品后方能使用该产品，为后期的发售做铺垫。比方说卖鞋子的送袜子。

实用性。实用性就是你赠送的产品用户经常使用它，或者经常能看到，这样的产品类别才能被其他消费者看到，起到传播作用。比方说喝水的杯子，人们天天都用得到，如在杯子上印上企业的 LOGO 或名称，那客户天天都能看到。

新颖性。这里说的新颖不是出奇，也不是出丑，就是客户平时不容易获得，产品有一定的创意或独特性，并且能让客户感觉到有很高的价值。

高价值。价值是非常神奇的，取决于客户当时所处的环境和需求。虽然你选择的福利成本不高，但对消费者来说，心理价值很高，比方说，某个品牌的创始人亲笔签名、定制的限量款产品。

如果不能满足以上四大原则，那么尽可能满足两大或三大原则，这样才能激发更多的客户参与进来，才能让用户感知到我们的产品或项目的价值，他们才会愿意继续关注活动，参与活动。

自我介绍

客户加入活动群的目的是为了满足自身的需求，同时也是为了拓展人脉，展示自己。为了满足客户的需求，我们需要提前设计好"自我介绍"模板，通过他们的自我介绍，了解他们的职业、能力、爱好及所在的城市，获取更多有用的信息，通过后续的运营，为成交做准备。

自我介绍模板参考如下，根据实际的场景和人群属性及目的调整即可。

- 姓名：_____
- 城市：_____
- 兴趣：_____
- 职业/标签：_____
- 个人成就事件：_____
- 我能提供：_____
- 想收获/解决问题：_____

值得提醒的是，引导客户自我介绍也是需要技巧的。

可以由运营人员或活跃官在群里组织，他们先带头发出自我介绍，再发一个小红包，把氛围带动起来。他们还可以给大家讲解自我介绍的好处，鼓励其他客户参与，甚至还可以设置一些小奖励和积分，同时也可以把大家的自我介绍收集归档。

群主也可以在群里发红包，谁抢到红包就邀请谁先做自我介绍。发了自我介绍后，组织群友列队给客户点赞，用户受到了重视，就会带动更多的人参与。

另外，你还可以引导大家修改群昵称，方便彼此了解和联结，修改的格式可以参考，昵称–行业–城市。

不管是用哪种方法，当用户发出自我介绍后，运营人员应及时给予回应，用心阅读内容，并挖掘对方的优点或亮点，@用户，及时给予点评或鼓励，毕竟每个人都希望被人看见和获得尊重。

发红包

为了让用户进群后感受到群温度和热情，并引导他们第一时间关注本群活动。还有一种常见的方法，就是发红包。

将红包玩法与活动结合起来，提升用户的参与度，可以为整个活动加分。但因不同活动有不同的场景，不同的活动目的，红包发放的方式也就不一样，预算也是不同的。

发红包要有主题，有目的性地发，而不是进来一个人就发一个，进来几个人就发一下，或者冷不丁地随意发，这样完全起不到关键作用。

整点发红包

在客户进群后，每个整点时间，如10点整、11点整、12点整……发一些红包来欢迎，让大家感受到热情，消除陌生感。

整数发红包

社群人数每次到整数的时候，如满100人、满200人、满300人……可以再发一波红包。

用这两种发红包的方法可以调动大家对群的关注度，甚至有些人还会调好闹钟准时来抢红包，大大提升了用户的参与度。

发专属红包

上面说的红包都是拼手气，群里的人都能抢，而且抢到的金额不等，还有一种威力更大的红包——专属红包。专属红包是指发红包的人把红包发到群里，指定某人领取，代表一定的意义，其他人想抢也抢不到。

专属红包发给哪些人呢？发给那些在社群里积极互动，响应指令，愿意分享，为活动提供价值的榜样人物。这样可以让客户感受到被看见和被尊重，从而愿意继续努力做得更好，同时也能激励更多的人参与进来。

预热红包

红包的作用非常多，除了上面讲的几种，还有一种最常见的，就是激活客户。当要在群里发起一个活动或者话题的时候，用红包来预热效果是最好的。

比如，有一个重要的通知，有一场重要的分享，有一个重大的喜讯，甚至有问题想请教大家的时候，你可以发一个或多个红包先吸引大家的注意力，然后让大家回复相应的指令，把人聚过来后，再开始搞活动。

发红包也有一些技巧，比方说在红包封面上写上你想说的话，想表达的意思，让大家更好地了解活动，参与活动。

发完红包之后要适当地互动，引导领到红包的客户回复任意指令，可以是数字，也可以是表情，或者关键词句，没有领到的同样回复相应的指令，这样可以让更多的客户参与到互动中来。客户参与的次数越多，大家越熟悉，对活动越了解，信任度越高，成交率也就会越高。

红包金额要根据预算来定，通常遵循两个原则，要么就是发大红包，要么就是发红包的数量要多。当然我们还可以引导客户一起来发红包，带他们一起参与体验，这样氛围会更好。

当然，社群破冰的方法还有很多，比方说社群游戏、思维游戏、红包竞猜、问卷调查、问题接龙、干货分享，等等。这些方法都可以在后面的社群运营中灵活应用，但不建议操之过急，因为客户刚进社群时，需要一点时间来适应和了解，所以应循序渐进有节奏地推进。

五大促活策略让客户持续保持注意力

如果你已经按照上面讲到的五招去破冰，就能够把客户的注意力吸引过来，把活动群的氛围调动起来。如何让大家愿意留下来听你讲，并且坚持到发售最后呢？那就需要使用一些促活策略，如图 4-3 所示，要有节奏地提供对群成员有用的价值。

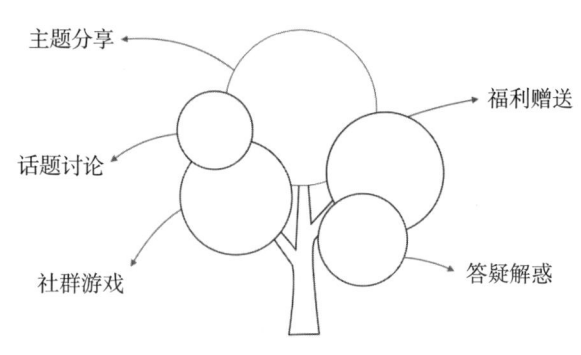

图 4-3 社群促活五大策略

主题分享

在社群发售中，主题分享是一种非常重要的促活策略。通过主题分享，客户可以对产品的特点和优势有更深入的了解，同时也可以增加客户对产品的兴趣和关注度。在分享的时候，你可以遵循以下原则，这样更有利于后面的发售。

一是要选择符合产品特点和客户需求的主题。如果你的产品是一种健康食品，那你可以选择分享一些健康饮食的相关知识，比如如何通过饮食来保持健康等主题。同时，你也可以根据客户的反馈和需求，不断调整和优化主题内容。

二是设计好分享的序列内容，这是社群促活的关键所在。就像电视连续剧一样，每一集的内容都能起到不同的效果，让观众产生持续的兴趣，期待一集接一集地观看下去。如何设计序列内容呢？我会在下一章中详细为你分享。

三是分享的形式和语言也很重要。你可以在直播间或社群，用简单明了的语言阐述重点内容，通过互动和问答，让客户参与其中。

除了要选择合适的分享形式，还要用通俗易懂的语言，确保逻辑清晰的同时，尽量不使用专业术语，最好是通俗易懂的大白话。

四是要把握好分享时机。你可以选择在群内活跃度较高的时候进行分享，也可以根据客户的活跃情况来选择分享时机。比如，可以在晚上或者周末等时间段进行分享，以吸引更多的客户参与。

举例来说，假设你是一位健身教练，想要通过社群发售来推广自己的健身课程。你可以选择在社群中分享一些健身知识，比如如何进行有效的胸肌训练，如何提高新陈代谢等主题。在分享的同时，你可以通过图片、视频或直播等方式，让客户更容易理解和操作。此外，你还可以在分享过程中与客户进行互动和交流，回答他们所提出的问题，让他们更好地参与到你的主题分享中来。

总之，主题分享是一种非常重要的社群促活方法。你通过选择符合产品特点和客户需求的主题，注重分享形式与语言的恰当运用，以及把握好分享时机等因素，可以有效地吸引客户的注意力，提升客户对产品的兴趣和关注度，从而实现更好的社群发售效果。

话题讨论

在社群运营中，话题讨论也是一种不可忽视的促活策略。通过讨论某个话题，可以吸引群成员的注意力，并引导他们参与讨论。这不仅能够提升社群的活跃度，还可以增加成员的参与度和归属感。下面以社群发售常见的问题为例，介绍如何运用话题讨论这一促活方法。

假设你的社群成员对发售变现感兴趣，而你正好是一个经验丰富的社群运营者，那么你可以引导群成员参与讨论，提出类似于"你在社群发售中最常遇到的问题是什么"这样的问题。

首先，你可以分享一些自己的经验和观点，激发成员的思考。你也可以列举一些常见的问题，如产品定价、推广渠道选择、客户沟通等，然后针对每个问题进行简单的分析和解答，展示出你的专业性。这样可以引导群成员对这些问题进行更深入的思考和讨论。

第 4 章 加热：序列运营促活用户实现自我成交

其次，你可以邀请群成员分享他们在社群发售中遇到的问题，并且鼓励他们相互交流和讨论。你还可以给出一些具体的问题，如"你在定价时遇到了什么困惑""你在与客户沟通时遇到了哪些问题"等，以便让群成员更加具体地分享他们的痛点和经验。

在讨论过程中，你可以积极参与，对成员的问题进行回答和引导。同时，你也可以在合适的时候邀请一些行业内的专家，或者成功案例的当事人参与讨论，提供更多的观点和建议。这样可以增加讨论的广度和深度，让群成员在交流中获得更多的价值。

为了保持讨论的活跃度，你还可以定期总结、归纳和分享讨论的成果。你可以把一些优秀的问题和回答整理出来，并且以文章、视频等形式展示给社群成员。这样不仅可以帮助成员更好地理解和解决问题，还可以增加他们对社群的认同感和信任度。

此外，在话题讨论过程中，你还可以设置一些小游戏或者奖励机制，激发群成员的参与积极性。例如，你可以设立一个"最佳回答奖"，每天或每周评选一名在讨论中表现出色的成员，并给予一定的奖励或者表彰。

通过以上方式，你可以有效地运用话题讨论这一促活方式，不仅可以吸引群成员的参与，让他们持续留在社群中，而且更加了解他们的需求和痛点。这不仅有助于提升社群的活跃度和凝聚力，还为产品的成功发售打下坚实的基础。

福利赠送

福利赠送指的是向社群成员提供特殊的优惠、奖励或礼品，作为他们参与活动和购买产品的激励。这可以是一次性的特别优惠，也可以是定期的抽奖或赠品，给予客户额外的好处。

福利赠送虽然比较常见，听上去也比较俗气，但是一直都是有效的，因为人们都喜欢"占便宜"，所以福利赠送也是社群促活中非常有效的一种方式，它能够激励客户留在社群中并持续关注和参与你的发售活动。

我列举了一些常见的福利赠送案例，以帮助你更好地理解和运用这种促活方式。

特别优惠

提供社群成员独享的折扣或优惠价格。例如，你可以在限定时间内提供一个折扣码，只有社群成员才能使用，这样可以增加他们购买的动力。

礼品赠送

提供限量版的礼品或小礼物作为购买某款产品的附加奖励。例如，你可以在社群中以抽奖、猜谜、回答问题等形式赠送一些专门定制的与品牌相关的限量版礼物。

VIP 权益

设立一个 VIP 会员计划，为社群中的活跃成员提供特殊的福利和优先权。例如，成为会员可以享受更大的折扣、提前购买的机会或免费体验新产品的权益。

抽奖活动

组织定期的抽奖活动，向参与者赠送有吸引力的奖品。这样可以激发社群成员的参与度并增加他们的期待感。例如，你可以要求社群成员在特定时间内留言，然后随机选取几名幸运儿赢取奖品。

优先试用

给予社群成员提前试用新产品的机会，并要求给予真实反馈，让他们成为第一批尝鲜者。通过这种方式，能够增加他们对产品的兴趣，也可根据他们的反馈改进产品。

社群奖励

设立一些社群成就奖励，例如最佳提问奖、最佳答案奖、最佳活跃奖、小蜜蜂奖等，这些奖都可以鼓励社群成员积极参与讨论和互动。

通过提供实际的物质奖品、独家特权、联合福利、特别的节假日福利，不仅能够激发客户的兴趣，还能让他们留在社群中并持续关注你的发售活动。值得提醒的是，福利赠送虽然是一种非常重要的策略，但应该与你的发售目标和品牌形象相一致，并且要注意合理控制成本，确保对你的发售业绩有帮助。

社群游戏

玩是人的天性，社群成员也不例外。人们都喜欢在轻松愉快的环境中学习，所以社群游戏也是社群运营中一种非常有效的促活方式，它可以在社群中引起成员的兴趣，增加互动性，还可以通过玩游戏送奖品来吸引成员积极参与，提高社群成员的参与度和留存率。

社群游戏有很多，如掷骰子、成语接龙、看图猜词、手气红包、机智抢答……你可以根据社群定位和成员属性挑选一些难度不高、人人可以参与的游戏来玩。当然,如果条件允许,你也可以发起一些比较有创意的、新颖的游戏,比如以下这些游戏。

积分竞赛

设立一个积分竞赛机制,所有参与活动的成员都可以获得一定的积分。积分可以通过完成一系列任务、发布有价值的内容或邀请新成员加入社群来获得。在一定的时间内,社群成员可以根据获得的积分进行排名,积分最高的几位成员可以获得丰厚的福利奖品。这个游戏可以激发成员的竞争心理和参与热情,同时也能帮助社群扩大影响力。

互动挑战

组织一个互动挑战,成员可以在指定的时间内完成挑战的任务,并在社群中分享。比如,发一张全家福或美食照等,其他成员可以对他们的作品进行点赞、评论或投票,群主根据点赞数、评论数或投票数来确定获胜者。获胜者可以获得一份特别的福利奖品或特权,如免费参加线下活动或社群内部的培训课程等。

值得提醒的是,挑战的内容需要和你的社群定位和群成员属性相符合,切忌张冠李戴,适得其反。

趣味问答

设计一些有关你的品牌、产品或行业的趣味问题,并邀请社群成员回答。以选择题或填空题的形式,让参与者进行选择或填写正确答案,为回答又快又准的几位参与者提供奖励或特别优惠。

创意设计

邀请社群成员设计与你的产品或品牌相关的创意图标。给出一定的规则和要求，如颜色限制、表达主题等。评选出最具创意或最适合品牌形象的作品，为获胜者提供奖励或特别福利。

价格竞猜

产品上线前，发布一些商品的照片，并邀请社群成员猜测它们的价格。给出价格最接近的参与者获胜。这种方式更适合种草，提高产品关注度，有利于产品发售。

总之，不管是哪种游戏，都需要有奖励机制，而奖品设定需要贴合社群运营方向，迎合群员需求。我们在设定一个社群游戏之前，需要清楚这个游戏的目的是什么，如是拉新，是促活，还是裂变？

在社群游戏策划时，还需要设置一个重要的指标，就是通过这个游戏可以实现多少转化，还要考虑这个社群游戏触达到的社群人员够不够多，能不能吸引到精准用户。

在社群游戏结束后，我们同样需要复盘，只有通过对社群游戏无数次的实践总结，再去做社群游戏时，才能达到运营者想要的效果，才会让社群运营越做越好。

答疑解惑

社群促活不仅仅是发布一些有趣的内容，还需要与成员进行互动，解答他们的问题。因为通过及时回答成员的问题，可以消除他们的疑虑，让他们更好地理解我们的活动或主题，同时也能提升他们对我们的发售活动的信任和兴趣。接下来，我将介绍一些有创意或新颖的答疑解惑形式，并给出相应的玩法，希望能够帮助你更好地运营你的社群。

直播连麦

定期进行直播答疑活动，邀请专业人士或你自己作为嘉宾，回答成员提出的问题。你可以在活动前征集成员的问题，并在直播中进行解答。这样，成员不仅能够得到答案，还能够实时地与你互动交流。在直播中，你可以通过口头回答或者展示相关资料来解释问题，确保对成员的回答准确明了。此外，你还可以提供奖励，例如通过抽奖的形式，鼓励成员参与并留在直播间。

问题墙

在社群中设置一个问题墙，鼓励成员在墙上贴出他们的问题。问题墙可以是一个虚拟的帖子或者是一个实体的展示板，成员可以在上面写下自己的问题。你可以设立一个时间段，例如每周一次，进行汇总和解答。为了增加趣味性，你可以给予贴出问题的成员一定的奖励，如兑换码、优惠券或者社群内的特权。

小组讨论

创建几个小组，每个小组聚焦一个特定的主题。鼓励成员在小组内提问和讨论相关问题，并由你或其他专业人士来解答。通过小组的形式，成员可以更自由地表达自己的疑虑和问题，并与其他成员分享经验和观点。你可以设置每周或者每月的讨论主题，引导小组成员参与讨论。这样不仅能够解决问题，还能够促进社群内成员之间的互动和交流。

问题挑战赛

发起一个问题挑战赛，鼓励社群成员在一定时间内提出最有趣或最具创意的问题。你可以设立一个专门的帖子或者活动页面，供成员提交问题。在规定的时间结束后，可以评选出一些最佳问题，并给予奖励和曝光。通过问题挑战赛，你不仅可以更好地了解群成员的问题，还能提高社群成员对你的发售活动的关注度。

答疑解惑是一个必要且关键的环节，它可以帮助你回答成员的疑虑，解决他们的困惑，同时也是一个了解客户需求的重要途径。通过及时回答问题，你能深入了解客户的关注点和需求，进一步改进产品和服务，提高满意度和用户体验。

以上提到的五种促活社群的策略，如果你还没有体验过一定记得去尝试一下。当然，百人百心，千人千面，你也可以根据自己客户的特点和社群定位等因素，找到适合自己的方法来运营。这样就能够持续吸引客户的注意力，建立信任，并为后续的发售做好充足的准备。

三个阶段承前启后，环环相扣，刺激购买

杰克·沃夫在其著作《浪潮式发售》中讲到，预售通常由三个部分组成。你可以将其比作一个由开头、中间和结尾构成的三幕剧，每个部分都有自己独特的故事，虽然它们相互独立，但只有当三者结合在一起时，才能展现出完整的情节。

社群发售加热的过程也是如此，我将其分为三个序列，每个序列都独立存在，但又相互呼应，循序渐进，环环相扣。就像欣赏一部精彩的电影，"三段式"结构能不断制造悬念，牢牢地持续抓住潜在客户的注意力，让他们产生无法抗拒的渴望。

潜在客户为什么要花时间一直关注你的活动

潜在客户一进群，我们就必须紧紧抓住他们的注意力，吸引他们关注我们的活动。就像看电视剧一样，如果第一集都无法吸引观众，那么他们就不会再继续看下去。

尤其是在今天这个信息嘈杂的时代，如果我们不能在潜在客户进入社群的第一时间吸引他们的注意力，他们可能就会屏蔽我们的群，转移到其他社群或别的直播间去了。

因此，第一序列的内容一定要扣人心弦，并解决一个重要的问题：潜在客户为什么要花宝贵的时间来关注你的活动？你能够为他们提供什么价值？

在当今这个信息过载的时代，让潜在客户持续关注你的活动是一个挑战，而强化 IP、价值前置、制造惊喜和悬念是三个重要的策略。

强化 IP

强化 IP 的目的是建立信任和认知。无论你是个人还是企业，讲故事都是拉近和潜在客户距离的最好方式。你可以讲述你的创业历程、品牌故事以及取得的成就，让潜在客户感受到你的真实性和可信度，从而更加信任你。

如果你是企业，那你可以分享品牌创立的初心和使命，让客户了解你的目标和价值观。同时，分享创立品牌和推广品牌过程中所遇到的挑战和解决方法，能够让潜在客户更加了解你的实力和专业性，从而增强对你的信任和兴趣。这些具体的经历和方法还能够为潜在客户提供实用的参考和启发，让他们更加认同你的品牌和产品。

通过讲故事的方式，你可以让潜在客户更容易接受你的信息，并激发他们对你的活动产生浓厚的兴趣。同时，讲故事还能够让你的品牌更加有温度和情感，增强客户对你的好感度和忠诚度。

价值前置

价值前置的关键在于你要懂得塑造价值，让潜在客户明白关注你的活动对他们有什么好处，能解决他们哪些具体问题，他们能得到什么样的具体结果，以及如何才能获得这些有效的方法。让潜在客户知道，他们要想获得这些方法，必须继续参加你接下来的活动。

例如，当你已经考虑参加"社群发售操盘手"实战营时，你追求的不仅仅是学习干货和方法，更重要的是通过这些方法将产品卖出去，让家人过上更幸福的生活。你希望能够坐在沙滩上享受阳光浴时，也能不断听到"叮咚"的进账声。

记住，客户买的不是一个钻头，而是一个洞，客户买的不是牛排，而是烤牛排的滋滋声，所以你不要过多介绍产品的功能、材料，而是要展示使用你的产品带来的结果。这样你才能够激发潜在客户的兴趣和渴望，客户才能明白参与你的活动能够带给他的好处和价值，才能看到新的希望和对未来的渴望，并且愿意为之付出行动。

惊喜和悬念

在社群预售的整个过程中，惊喜和悬念可以为潜在客户带来超预期的体验，让他们更加愿意参与和购买，具体如何来做呢？

你可以从活动流程、内容和情感三个方面来设计。在流程方面，你可以在某个关键节点安排一些出乎意料的互动环节，比如抽奖、问答等，让参与者感到惊喜和兴奋。

在内容方面，你可以提供一些有价值的额外信息，比如行业资讯、案例分析、行业机密等，让参与者感到获得了更多的价值。

在情感方面，你可以通过细腻的运营让潜在客户感受到关心和温暖，比如私聊、定制祝福等，让他们感到被重视和关注。总之，你要让潜在客户有一种"意外收获"的感觉。

同时，你还要制造悬念，让潜在客户保持期待和好奇心。比如，你可以告诉他们整个活动的框架，但并不透露具体细节，可以"说一半，留一半"，让潜在客户充满期待。你也可以在活动中设置一些未知的元素，比如神秘嘉宾、惊喜礼品等，让参与者充满好奇心和探索欲望。

通过创造惊喜和悬念，你可以让潜在客户感到你的活动是与众不同的，从而给他们带来愉快和惊喜的体验，使他们更愿意留下来并继续关注你后续的活动。

提供十足干货，露出产品，突出专业或优势

在第一序列的内容中，我们凭借三大重要策略成功地吸引了潜在客

户的注意力，并解决了他们为何要一直关注我们活动的问题。现在，我们进入第二序列阶段，这个阶段要解决关键问题——做什么？怎样能做到？

为了满足客户的需求，我们在第二序列中需要提供更多实用的方法，要传授给他们一些真正有价值的小技巧和小窍门，最好是让他们在听完之后就能应用到实际项目和操作中。

这些方法并不是深奥的学术理论，而是你根据实践和经验总结出来的简单实用的技巧。它们可能无法在瞬间为客户带来翻天覆地的改变，但是只要客户能够按照这些方法去实践，就一定能够看到自己的进步和提升，感知到你的方法对于他来说是有用的。

在第二序列内容中，你需要有节奏地呈现以下关键信息。

给予干货和技巧

分享切实可行的干货和方法，让潜在客户听完能够立即去使用，并能感知到这些方法对他们真的有帮助，这样可以增强潜在客户对你及你的 IP、产品和品牌的信任。

解释原理和过程

你不仅要展示客户使用你的产品或服务后所带来的改变和结果，还要介绍你的产品或服务是如何一步一步分阶段地帮助她们解决问题、实现梦想的，让她们觉得自己也触手可及；你甚至还要告诉潜在客户，如果她们不使用你的产品可能会产生哪些不好的后果。通过情景化的描述，让潜在客户身临其境，更加渴望获得你的产品或服务来拯救她们。

举个例子，假如你是卖护肤品的，那就应该告诉潜在客户，使用了你们的护肤品后她们不仅会年轻5~10岁，还能获得老公对她们的宠爱，闺蜜对她们的夸赞，同学对她们的美慕……

还要告诉她们，你们的产品会如何让她们的皮肤产生变化，比方说第一周的状态，第二周的变化，第三周……最好能提供一些使用产品前后对比的图片或视频，让她们亲眼看见这种变化。

同时，你还要向她们解释为什么会发生这些变化，是因为你们的产品中含有某些名贵的材料或者使用了某些特殊的技术。你需要将这个原理讲清楚。如果条件允许，你还可以通过某些技术现场展示结果，让她们亲眼看到这种变化的真实效果，这样更有说服力。此外，你还要强调使用过程的简便性，让她们明白每天只需花费一点时间，就能轻松实现年轻5~10岁。

让客户了解产品的改变过程，让她们知道这个产品对她们确实是有帮助的，最终实现成交。

值得提醒的是，在这个过程中，你仍然要制造惊喜、悬念、好奇和兴奋，这样才能让她们留下来继续听你讲。

火上浇油，提升欲望，期待抢购

第一序列内容解决"为什么"，第二序列内容解决"做什么"，第三序列内容解决"怎么做"这个问题。

通过前面两个序列的内容，你已经向潜在客户展示过使用你的产品或服务带来的变化。比方说，买鲜花是为了让家里变得更温馨，生活更浪漫；学习社群发售技术，是为了获得更多的现金流，提升企业利润，给员工发更多的工资，让他们过上更幸福的生活。

但是他们通常不知道怎样才能让自己的生活发生变化，获得这种结果，你需要给予他们更专业的建议。此时，你还是需要继续为潜在客户创造价值，而不是直接一上来就发产品链接，那样不但没有人会购买，还会打草惊蛇。

在整个加热阶段，最关键的是给读者带来惊喜和制造悬念，就像打开一个崭新的"盲盒"一样让人心情激动。每当发布新的序列内容时，我们会加快节奏，激发潜在客户内心的兴奋和期待。第三序列的内容具备以下关键要素，持续抓住客户的注意力。

快速回顾

客户只会关心与自己有关的事情，你讲过的内容，他也许很快就忘记了。所以需要简单回顾之前提到的重要信息，告诉他们你是谁，举办这场活动的目的是什么，他们参与活动能获得什么好处，不必花费太多时间，简明扼要地讲清楚即可。

自我见证

如果你销售某款护肤品，但自己却从没有使用过，或者还没有取得较好的效果，而你的脸上又有斑、暗黄不光滑，那么当你推荐产品时就缺乏信心，客户也不会轻易相信你的话。

如果你销售某个课程，但从未亲身实践过所讲的方法，那么在教学过程中就难以发挥灵感。因此，你发售的产品一定要是你亲自使用过或实践过并取得了结果的，这样卖起来才更有底气。

客户见证

自说自话远不如客户亲身经历的说法有力。你是否有这样的经历？即使卖家把产品说得再好，你仍会担心产品是否有效果，是否买贵了等。

同理，客户也一样，即使他们相信你所讲的都是真实的，也仍然缺乏购买的"勇气"，他们还是会怀疑产品是否对自己有效果。无论你如何解释，他们都不相信，限制了自己。那么你该怎么办呢？

这时，你需要运用一个绝招——客户见证，即向他们展示与他们背景相似，甚至更差的人使用了你的产品或听了你的课程，取得了显著的结果。这样，他们就有了比较，觉得比他们条件更差的人都可以拿到结果，那自己肯定也能做好，所以才会放心购买。

选择正确的"客户见证"也是一门学问。如果潜在客户是一个刚刚创业的年轻妈妈，希望向你学习营销知识，而你却选择以一个企业老板作为案例，就会适得其反。如果对方是宝妈，你就应该找宝妈的案例；如果对方是企业家，你就应该找企业家的案例。

你需要根据不同类型的客户找到与他们情况相似，甚至更"糟糕"的人，这样才能激发他们的对比心理，消除他们的顾虑。

蓝图描绘

潜在客户之所以关注你的产品，是因为他有一个痛苦没有消除，或者有一个梦想没有实现，而你的产品能帮助他铲除痛苦，实现梦想。他们渴望逃离当前的困境，向梦想的彼岸迈进。

第4章 加热：序列运营促活用户实现自我成交

如果你能了解他们心中梦想的彼岸是什么样子，并且能用生动的语言将之描绘出来，你的产品对于客户的吸引力将会大大提升。

梦想蓝图实际上是一种能够在客户的脑海中"播放电影"的技术，它的核心在于让客户提前体验使用了你的产品后的美好世界，在客户的脑海里不断播放使用你的产品后带来的美好画面。那么，具体该如何做呢？

你需要先了解潜在客户购买此产品的目的是解决哪些问题，实现怎样的目标。你要尽可能详细地描述出来。

你还要通过文字、图片、视频和故事等多种方式，将客户渴望得到的结果场景植入他们的大脑中。

例如，如果你要销售珠宝，那么潜在客户希望看到的画面是什么呢？是为了追求喜欢和美丽吗？

如果你只是停留在肤浅的思考层面，那么你所能看到的只是表面上的事物，因为女性购买珠宝不仅仅是为了获得一件饰品，更重要的是她们要通过珠宝来展示自己的身份与地位。拥有一件珠宝可以让女性感受到与特定社会群体或阶层的紧密联系，彰显自己的经济实力和社会地位。毋庸置疑，珠宝是一种身份的象征，它赋予了女性一种与众不同的魅力，使她们散发出耀眼的光芒。

同样，女性购买奢侈品包并非只为了包本身，而是为了追求身份认同，提升自信。

通过深入了解客户的真正需求和期望，将其梦想场景栩栩如生地呈现给他们，你将能够更好地激发他们的购买欲望，为接下来的发售做足准备。

创造稀缺性

在加热阶段，也要不动声色地露出你即将要发售的产品，提前披露出这款产品将解决他们的问题并帮助他们实现改变，同时强调这是一款限量发售的稀缺产品。

值得注意的是，不要通过稀缺性来打击潜在客户的积极性，因为这时他们还没有看到你的产品，适当提醒他们关注接下来的发售活动即可。

以上是加热阶段三个关键序列内容，不管你的活动是开展10天、5天，还是2天，你的内容或活动都要按这三个序列去布局。如果你能够恰当掌握流程，那不仅可以激发潜在客户的互惠心理，建立更深厚的信任，还能增强你的权威感。

记住，加热阶段的重点就是向潜在客户传递价值，你不仅要激发他们的兴趣，还要给他们实质性的好处，让他们感到有"收获"。

七大核心要素让客户迫不及待给你付钱

假如有一天，你去中国移动公司办理某项业务，在等待的过程中前台小姐姐和你说，现在可以免费试用一台价值6000元的手机，而且每个月还能额外赠送1000元的话费和流量费，你只需要签一个"试用合约"后立即就可把手机拿回家，试用三个月后觉得满意，就直接从信

第4章 加热：序列运营促活用户实现自我成交

用卡上扣6000元，这部手机就永远是你的了；如果你觉得试用不满意，在三个月内随时退回，你也没有任何损失。

此刻，你刚好也想买一部新手机，那么你会不会想立马办理免费体验呢？假如你采取了行动，免费体验手机三个月，觉得合适你就买到了一部称心如意的新手机；如果你觉得不合适，那最坏的结果就是你免费使用了三个月新手机，对你来说，没有任何损失。

从以上的故事中，你不难看出，成交卖的不是产品，而是主张。何谓成交主张呢？

成交主张是向潜在客户传达的关键信息，促使他们决定购买并完成交易。它的目的是消除客户在购买过程中的疑虑，提供有力的理由和动机，让客户心甘情愿地下单。为了方便你更好地理解和应用，我提炼出了七大核心要素，你看完立马就能打造出自己的成交主张，如图4-4所示。

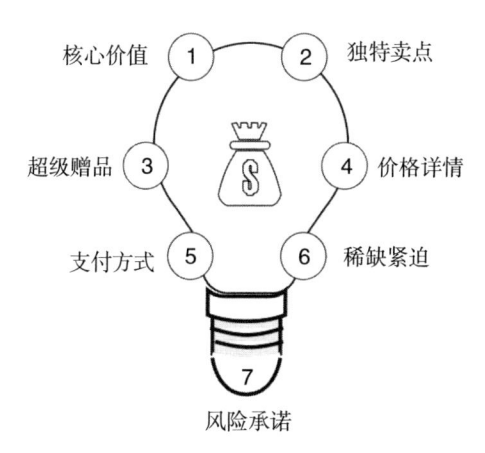

图4-4 打造无法抗拒的成交主张的七大要素

核心价值

所谓核心价值，就是你的产品或服务本身给客户带来的好处和价值。

例如，如果你销售的是健身器材，核心价值就是帮助客户增强体力，提升健康水平，使他们拥有更美好的生活。

如果你经营一家咖啡连锁店，那你的核心价值是提供高品质的咖啡和舒适的环境，让客户在忙碌的生活中放松身心，尽情享受一杯美味的咖啡。

如果是一家卖水果的实体店，那它们的成交主张核心价值是提供新鲜、多样、实惠的水果，送到客户的家门口。

独特卖点

产品的独特卖点可以表现为市场上前所未有的全新产品，或者是在现有产品基础上增加竞争对手无法提供的价值。这些独特之处必须让客户充分了解，他们在做出购买决策时，才能够明确知道他们将获得什么具体的、最令人渴望的好处。此外，这些独特性还需要超越竞争对手，具备无可替代的吸引力，促使客户产生购买行为。

以海底捞为例，它之所以运营异常成功，并非因其火锅食材出众，而是集中关注点在顾客身上，与其他火锅店展开竞争。虽然海底捞核心业务仍是产品，但是其重点在于服务，以顾客为中心，提供个性化、独特和贴心的服务。

例如，针对戴眼镜的顾客，海底捞提供眼镜布；对于长发顾客，提供橡皮筋等，这些细节展示了海底捞对顾客的关怀与关注。海底捞成功的关键在于将注意力转移到顾客身上，其重点是以优质的服务来满足顾客的需求。这种独特性使得海底捞的竞争优势无与伦比，同时吸引并打动了顾客，促使他们愿意驱车前来排队消费。

超级赠品

超级赠品是指顾客在购买产品或服务的同时额外获得的价值。这些额外的赠品可以帮助顾客更好地使用产品，或者得到额外的便利和享受，从而增加他们购买的兴趣。

举个例子，有一家运动品牌，在推出新款跑鞋时，为了增加顾客的购买兴趣和满意度，运动品牌决定给现场买鞋的人免费赠送3双价值99元的高品质运动袜，这些运动袜具有良好的透气性和吸汗性，可以帮助顾客保持干爽与舒适的感觉。

通过这个案例，我们可以看到，超级赠品不仅仅是简单的赠品，更是在满足顾客需求的基础上，额外提供的值得期待的附加价值。这些赠品的设计要符合产品的特点和顾客的需求，增加顾客的购买欲望，加速成交的发生，提升顾客购买的价值感和满意度。

价格详情

价格详情是指在发售的过程中，对产品或服务的价格进行详细说明，包括价格构成、价格优惠、价格比较等方面。让消费者了解价格的详细情况，有助于提高消费者购买的决心和信心。

假设你正要发售一款智能手机，价格详情可以参考如下设置。

价格构成

这款智能手机的价格包括硬件费用、软件开发费用、售后服务费用等，每个费用项都有详细的解释和说明。

价格优惠

在特定时间段购买这款智能手机，可以享受一定的价格优惠，比如原价 8999 元，现价仅需 5999 元，或立减 2000 元再打 9 折等。

价格比较

与同类产品相比，这款智能手机的性价比更高，配置更先进，功能更全面，价格优惠 1000 元。

通过这样的价格详情介绍，潜在客户可以更清晰地了解产品的价值和价格构成，从而更好地做出购买决策。

支付方式

在成交主张中，支付方式是一个重要的因素，它直接关系到客户在购买产品或服务时的支付便捷性与选择多样性。现代支付方式多样化，包括现金支付、银行转账、支付宝、微信支付、信用卡等。

第4章 加热：序列运营促活用户实现自我成交

现金支付

客户使用现金直接支付是最传统的支付方式之一。这种方式简单直接，适合于线下购买场景或一些小额交易。

银行转账

通过银行系统将款项从客户的银行账户转移到商家账户的支付方式。客户需要提供相关的转账信息，然后通过柜台、网银、手机银行等渠道进行转账操作。银行转账通常用于大额交易，对于一些跨地区或国际交易也比较方便。

支付宝和微信支付

客户可以将自己的银行卡或余额绑定到支付宝或微信钱包，然后通过扫码完成支付。这种支付方式方便快捷，广泛应用于线上交易和各种移动支付场景。

信用卡

客户在购买时使用信用卡支付，然后按照信用卡账单的规定时间还款。这种方式方便客户进行大额购物，同时还能享受信用卡的优惠和积分等福利。

除了不同的支付方式，成交主张还可以提供多种付款策略供客户选择，每一种策略对于客户的购买有着不同的作用，常用的有付全款、分期付款、付定金等。

（1）**付全款**。一次性支付全部产品费用，适合于财务状况稳定的客户。

（2）分期付款。将总金额分摊到几个支付期限，便于减轻客户的经济压力。

（3）付定金。客户先支付一部分费用作为定金，然后在规定的时间内支付剩余的款项。这种方式常见于预定或定制类产品，锁定客户，帮助客户确认订单并确保其购买意愿。

假设你正在购买一台高价值的家电产品，该产品的成交主张中提供了多种支付方式。你可以选择使用支付宝实现快速支付，也可以通过信用卡分期付款，按照自己的财务状况进行决策。此外，商家还提供付定金的选项，你可以先支付定金来锁定产品，然后在指定时间内支付剩余款项。

提供多样化的支付方式和付款策略，更能够满足不同客户的需求和支付能力，增强购买的便利性和灵活性。这样的支付方式不仅方便客户，还能提升客户的购买意愿和满意度。

稀缺紧迫性

制造稀缺紧迫性也是一种营销策略，通过限制供应数量和时间，激发客户购买欲望，促使他们立即下单。你可以从名额、赠品、时间、涨价这四个维度去突出稀缺紧迫性。

首先，稀缺紧迫可以体现在名额稀缺上。通过宣传限定的名额数量，如限量发售仅限50份等，让客户明白机会有限，如果不抓紧时间，可能会被其他人抢走。在这种限定名额的情况下，客户更有动力马上下单。

第4章 加热：序列运营促活用户实现自我成交

其次，赠品稀缺也可以营造稀缺紧迫感。例如，提供超级赠品，但数量有限，只有前20名购买者可以获得。这样一来，客户会感到赠品非常独特且具有吸引力，他们会积极行动以确保自己能够获得这些超级赠品。

再次，时间紧迫。通过设定活动或促销的时间限制，如24小时限时抢购、告知客户只有在指定的时间内才能享受特殊优惠。客户会因为时间紧迫而感到压力，想要立即行动以确保自己不会错过这个限时优惠。

最后，涨价紧迫。可以宣传产品价格将在某个具体时间点之后涨价，或者提醒客户当前价格是促销期的最低价。这样一来，客户会因为担心价格上涨而产生紧迫感，他们会更有动力在涨价之前购买产品。

你可以把这四种形式结合在一起使用，在产品发售快结束的时候，如果你能够使价格上涨，并且让产品下架，那么你的产品就具备了更明确的稀缺性，产品发售效果也会更加明显。

假如你是一家旅行社的销售员，在某个旅游旺季，你推出了一项独特的旅游套餐。你可以强调该套餐仅限30份，让客户明白这是一个难得的机会，如果不抓紧时间报名，可能会错过。此外，你还可以提供一个超级赠品，如免费SPA或特色美食体验，但数量有限，仅限前10位报名者。

这样一来，客户会觉得这个赠品非常独特且吸引人，有更大的动力立即报名。最后，你还可以强调此次旅游套餐的时间紧迫性，告知客户只有在24小时内报名才能享受以上的优惠价格，错过时间就要恢复原价，并且停止售卖。这样，客户会因为时间限制和产品涨价而感到紧迫，如果有需求，他们会积极下单以确保自己能够获得这个特殊优惠。

通过使用稀缺紧迫策略，你能创造一种紧迫感，促使客户立即行动。然而，需要注意的是，你必须保证稀缺性真实存在，才能起到真正的作用，以避免破坏客户关系和品牌声誉。

风险承诺

风险承诺指的是在购买产品或服务时，卖家向买家承诺在特定情况下承担风险或提供相应的补偿。它是成交主张中非常重要的一部分，能帮助消费者减少购买时的不确定性，增加其对产品或服务的信心。常用的风险承诺有四种：零风险承诺、负风险承诺、补偿式承诺和返还式承诺。

零风险承诺

卖家承诺如果客户对所购买的产品或服务不满意，可以在规定的时间内无条件退货。这意味着客户在购买过程中不会遭受任何经济损失，即使他们并不完全确定这个产品是否适合自己，也可以放心下单来体验一下。

卖服装的小刘在直播间承诺，客户收到衣服后，如果觉得款式、颜色、面料和尺码等不符合自己的要求，都可以在7天内申请无理由退款，并且还安排了运费险。这样做的目的是鼓励大家买回家试穿。

负风险承诺

卖家承诺在客户购买特定产品或服务时额外赠送某些产品或服务。

如果客户对所购买的主要产品或服务不满意,卖家将无条件退款,并允许客户保留额外的赠品或服务。这种承诺可以让客户尽情体验产品或服务,并在不满意时不但能得到全额退款,还能额外获得赠品。

某家电商公司在促销活动中承诺购买电视的消费者可以免费获得一年的网络服务,如果消费者对所购买的电视不满意,他们可以退货,但可以保留一年的网络服务。

补偿式承诺

补偿式承诺是一种更具体的风险承诺。客户在购买产品或服务时,卖家承诺在特定情况下提供补偿。

例如,某个品牌的手机制造商承诺,顾客购买它们的手机后,如果手机在保修期内出现任何质量问题,它们将提供免费维修或更换手机的服务,如果客户还不满意,它们将全额退款,并可额外给予200元现金补偿。

这种承诺不但减少了消费者面临的维修费用风险,还使他们额外获得了好处,从而更有购买产品的动力。

返还式承诺

卖方或服务提供商向买方或消费者承诺,在满足一定条件或未达到特定结果时,将返还买方支付的全部或部分金额。

例如,某家在线教育机构承诺如果学员按照他们的要求,每天按时完成在线学习或打卡,在课程结束后仍然无法掌握相关技能的话，他们将全额退款。这种承诺可以让消费者放心购买课程，因为他们知道如果自己用心了，但没有达到预期的效果，他们可以得到全额退款。

总结一下，风险承诺在成交主张中是极为重要的。零风险承诺能够让消费者在购买时感到放心，负风险承诺能够让消费者体验到更多的价值，补偿式承诺能够减少消费者的经济风险，而返还式承诺则能够提供更多的保障。通过使用风险承诺策略，品牌能够减轻客户购买时的担忧，增加他们的信任感和购买意愿。但是，需要注意，只有确保真实性和诚信度，才能赢得更多的客户。

通过对上述成交主张七大核心要素的深入分析，我们发现在吸引更多潜在客户购买你的产品时，需要解决两个核心问题。

- 客户为何选择你而非竞争对手？
- 客户为何现在购买而非将来？

为了解决这些问题，你必须围绕以上七大核心要素打造一个让潜在客户无法抗拒的成交主张，根据实际情况选择适合的要素组合或叠加，就能让更多客户主动抢着下单。

---- 重点回顾 ----

这一章节主要讲述了如何通过巧妙破冰、社群运营、序列内容和成交主张等策略来加热，为客户制造惊喜，提供足够的价值，让客户持续关注群活动并保持注意力，最终购买。

第 5 章

发售：引爆社群，开通购物车，客户疯狂抢购

在私域社群发售的过程中，发售阶段无疑是最重要的一环，此前所做的一切努力和准备，都是为了这一刻的完美呈现。这一阶段不仅可以完成发售动作，还是检验运营效果和收获成果的关键时刻。

通过前面的精心谋划、多维造势和持续加热，我们已经在社群中建立了潜在客户对我们的品牌、产品或服务的基础信任。这也意味着他们认可我们提供的价值，并对我们的运营官、品牌和服务表示认同。有了这些基础，我们才能继续深度培育，建立起足够的忠诚度，接下来将更多的潜在客户批量转化为我们的正式客户。

拥有必备"军火库"，发售稳操胜券

"兵马未动，粮草先行"，这句话告诉我们，在开始打仗之前，确保所有必要的资源，如兵器和粮草等物资充足，是战争顺利进行的关键。同样地，在正式发售之前，提前搭建素材库和准备好各种素材尤为重要。

在社群发售的过程中，素材库就如同战争时的军火库，它们是向潜在客户传递信息、吸引他们的注意力、引发他们的兴趣和激发他们行动的重要工具。因此，提前建立多样化、精心设计、有价值的素材库，是确保私域社群发售顺利进行的关键一步。具体要如何做呢？

第 5 章　发售：引爆社群，开通购物车，客户疯狂抢购

首先，要筛选出适合各个场景使用的各种类型的素材，包括文字、图像、海报、视频、音频等多种形式的内容，以应对不同的传播渠道和受众喜好。精心撰写的文字可以传达品牌的核心价值和独特卖点，引发潜在客户的共鸣和兴趣。精美的图片或创意视频可以吸引眼球，赋予产品或服务更强的视觉冲击力。而音频内容则有助于营造情感共鸣和亲切感。通过多样化的素材，我们可以更全面地展示品牌的魅力，吸引潜在客户的注意。

其次，要把准备好的素材分门别类，做好标识，再汇总到一个素材库，不仅方便在私域社群发售期间随时使用，还能够更高效地回应市场需求，快速制作各种营销材料，并保证内容的一致性和高质量。

最后，我们必须定期对素材库进行更新和优化。因为社群发售是一个非常活跃的过程，市场环境和潜在客户的需求也在不断变化。我们可以通过数据分析和市场反馈来了解哪些素材赢得了大家的赞赏，哪些还需要调整和优化。只有通过持续不断的优化和改进，才能确保素材的吸引力和有效性，从而提高私域社群发售的成功率。

文案是营销的基石，也是每个营销人必备的技能。它贯穿于整个营销过程，起着关键的作用。接下来，我将与你分享一些容易被忽视的关键素材，如海报、视频、客户见证、往期订单和主持稿等，如图 5-1 所示。

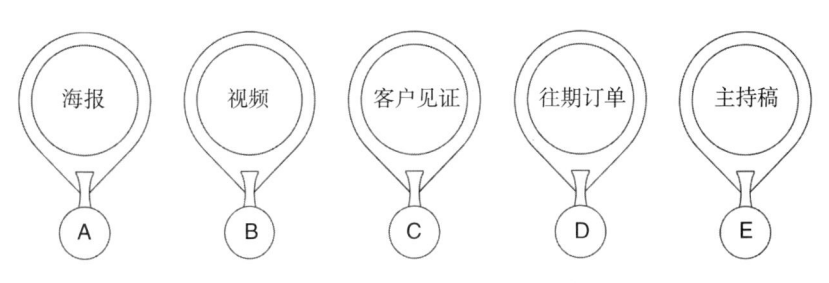

图 5-1　社群发售必备"军火库"

海报

各种类型的海报在发售活动中起着至关重要的作用,它们能够吸引用户、激发兴趣并促进成交。这些不同类型的海报包括:活动主题海报、嘉宾介绍海报、倒计时海报、客户见证海报、销讲 PPT、成交海报、庆祝海报等。千万别小看这一张张不起眼的海报,每一种都有不同的功能和作用,通过这些海报能够有效地吸引用户的注意力、提高参与度以及推动购买行为。

活动主题海报

它展示了发售活动的主题和核心信息,旨在引起用户的兴趣和好奇心,让他们愿意了解更多活动的详情。这类海报强调了产品的特点、优势和独特之处,帮助用户了解产品的价值,增加购买的动机。

嘉宾介绍海报

如果发售活动有特邀嘉宾参加,那就要做一个海报介绍嘉宾的背景、经验和专业知识,提升活动的权威性和吸引力。

倒计时海报

展示了活动开始或结束的时间,通过制造紧迫感来推动用户尽快行动,避免错过机会。

客户见证海报

这类海报展示了客户对产品或活动的正面评价和推荐,用以建立信任和打造口碑。

销讲 PPT

它们是在发售活动中向用户传达信息和演示的工具,用以展示产品特点、解答疑问和引导用户做出购买决策。

成交海报

这些海报展示了实际购买成功的案例,包括订单确认、支付截图或用户反馈等,用来证明活动的可信度和产品的市场认可度。

庆祝海报

庆祝海报是一种特殊类型的海报,它主要起到激发用户的兴趣和增加社群互动的作用。这类海报通常用来庆祝特定事件或成就,比如团队达成销售目标、产品获得认可奖项等。它们向用户展示了所取得的成功或荣誉,有助于树立品牌形象和提升客户信任。

视频

都说一分钟的视频胜过千言万语的图片和文字,因为视频能够以更生动、具体、直观的方式呈现信息,更容易引起观众的关注和共鸣,能增加传播效果和影响力。不同类型的视频用在不同的场景起到的作用不同,你可以根据营销目标和客户需求,选择合适的视频类型来传达信息和引发用户的兴趣,这将有效促进私域社群发售活动的成功率。

品牌介绍视频

这类视频用于向潜在客户介绍你的品牌,包括品牌的背景、故事、理念、使命和价值观,帮助客户更好地了解你的品牌特点,建立起对品牌的信任和好感。

产品介绍视频

这类视频主要介绍你的产品，包括产品的特点、功能、制作过程等。通过展示产品的优势和价值，吸引潜在客户的兴趣并让他们对产品产生购买意愿。

使用教程视频

这类视频是教客户如何正确使用你的产品，它可以提供详细的操作指导，让潜在客户了解产品的使用流程和技巧，减少使用中的困惑和错误。

大咖赋能视频

这种视频是邀请相关领域的专家或意见领袖进行产品推荐和评测，这些专家的认可和推荐可以提升产品的可信度和权威性，让潜在客户更加相信你的产品能够带给他们价值。

效果展示视频

这个视频展示产品使用后的实际效果，可以是客户的使用心得和体验分享、案例分析等。通过展示产品的实际效果和成果，增加潜在客户对产品的信心和购买欲望。

客户见证视频

记录客户分享自己使用产品的心得和体验，这样的见证视频能够增强产品口碑和信誉度，让潜在客户更加相信产品的价值。

幕后花絮视频

这种视频可以展示产品的开发制作过程中的花絮，展示产品的研发过程、团队合作等。潜在客户可以从中了解产品背后的故事，增加产品的亲和力和认同感。

以上这些视频素材不一定全部都准备，要根据实际情况而定。通过使用这些不同类型的视频，可以全面展示品牌的文化和价值观，增加产品的知名度和认可度。

客户见证

自说远不如他说，客户见证在发售中起到了很重要的作用。它能够增加产品或服务的可信度，并提升客户信任感，为潜在客户提供真实的用户反馈和体验分享。

客户见证素材可以以多种形式呈现，让我们先了解一下其中的三种常见形式。

第一种是文字见证。客户以文字的方式分享他们使用产品或服务的好处和满意度。比如，客户表示使用某种护肤品后，皮肤变好了，痘痘没有了。

第二种是视频见证。客户通过视频的方式展示他们对产品或服务的肯定和认可，这样的见证更加真实可信。比如，客户拍摄一个短视频，分享自己使用某个运动器材后的身体变化和健康状态，以及对产品的热爱之情。

第三种是图片见证。客户分享使用产品或服务时的照片，展示产品的质量和效果等。比如，一位客户拍摄自己在餐厅用餐的照片，展示了美味的食物和愉快的用餐环境。

这些客户见证素材可以用于私域社群、官网、社交媒体和广告平台等，通过老客户的亲身背书，增强潜在客户购买的信心。这样一来，企业的信誉得以巩固，同时也能够激发更多潜在客户的购买欲望。

往期订单

往期订单是发售素材库中非常重要的一种见证，它们在社群发售活动中扮演着非常重要的角色。这些素材展示了过去成功完成的订单情况，证明产品或服务已经被很多人购买，激发潜在客户的从众心理，吸引他们的关注，并增强他们对产品或服务的信任和购买欲望。

往期订单的呈现形式有以下三种。

订单截图

展示订单页面或截图，向潜在客户展示实际的购买记录和交易行为，充分证明该产品或服务的市场认可度和畅销程度。

支付截图

展示支付成功的截图或付款凭证，提供具体的交易细节，加速客户购买决策的形成。

客户反馈

客户对产品或服务的正面评价和满意度反馈。这些反馈可以以文字、图片或视频等形式展示，使潜在客户更容易相信该产品或服务的质量和价值。

例如，一家手机店铺正在推出手机限量促销活动，它们利用往期订单吸引来了很多潜在客户。

它们在大屏幕上循环播放一些订单截图，告知潜在客户前两天已经销售了200多台手机，以此凸显产品的火爆。

同时，还展示了支付成功的截图，表明有很多人抢着买这款手机，并进一步增强客户购买的信心。

此外，它们还分享一些用户的反馈和评价，以此证明手机的性价比和受欢迎程度，激发潜在客户购买的决心。

通过展示往期订单，可以有效地吸引潜在客户的兴趣，增加产品的市场认可度和提高购买转化率。

主持稿

准备一份出色的主持稿是很多人容易忽视的一环，有时候甚至会出现没有任何主持人的尴尬局面，使得群内氛围变得很沉闷，只剩下嘉宾们孤军奋战。在私域社群发售时，强烈建议你安排一位富有经验的主持人，并提前准备一份精妙的主持稿。就像线下活动中准备主持稿一样重要。它将协助主持人有效引导和控制活动的节奏，确保活动顺利进行，达到预期的目标。以下是主持稿的四大作用。

引导活动流程

主持稿包含活动的整体流程和安排，它充当了活动的"剧本"，确保现场氛围活跃，提高群成员在线率并使各个环节有序进行。

提供话题和问题指引

主持稿中通常包含了预先准备的话题和问题列表，帮助嘉宾引导群成员进行讨论、分享经验和参与互动，这些指引可以确保内容的完整性和相关性。

控制活动时间和节奏

主持稿中会设定每个环节的具体时间，以确保活动不会超时并保持紧凑的节奏，这有助于保持群成员的注意力和满意度。

确保信息传达

主持稿中的指引和提问可以确保关键信息在活动中得到准确传达，帮助潜在客户更好地理解产品或服务的优势和价值。

那主持稿到底要如何设计呢？我以一家电子产品公司正在进行一场线上发售活动为例，解析设计主持稿的七大步骤。

第一步，暖场。主持人需要在活动开始之前用一些游戏或红包雨来拉近与群成员的距离，打破尴尬和紧张的氛围。

例如，可以提一些简单有趣的问题、猜谜、发红包或者分享一些轻松的笑话，让参与者感到放松和愉快。

第二步，自我介绍。主持人需要简单地向群成员介绍自己的身份和背景，让大家对自己有一定的了解和信任。这样可以增加主持人的公信力，并为后续的追售打下基础。

第三步，塑造嘉宾。如果有嘉宾参与社群发售活动，主持人需要为嘉宾塑造一个良好的形象，帮助嘉宾展示其专业性和价值。通过介绍嘉宾的成就、经验和专业背景来提升其形象，并塑造内容价值，持续吸引群成员的注意力。

第四步，节奏把控。主持人需要控制整个活动的节奏，他要提醒参与者注意时间，并合理安排活动的内容和互动环节，确保活动顺利进行。例如，在开通购物车之后，主持人可以引导群成员进行提问、互动、发红包或@所有人，以保持一定的在线率。

第五步，氛围带动。主持人需要营造积极、愉悦和有温度的氛围，让群成员感到放松，引导他们参与其中。他可以通过幽默风趣的语言引起群成员的互动，鼓励大家互相分享观点、经验和疑虑。

第六步，成交推动。主持人需要在嘉宾分享完后，趁势推出产品，并促使参与者做出购买决策。他可以通过强调产品的独特卖点、用户见证和限时优惠等手段来激发参与者的购买欲望，并提供一定的购买指引和支持，以便参与者能够顺利完成购买流程。

第七步，总结答疑。在活动接近尾声时，主持人需要对活动进行一个简短的总结，再次强调产品的价值和优势，并回答参与者可能还存在的疑问，以便完美收官。

总之，主持人需要提前设计主持稿和主持流程，这样才能有条不紊地引导整个发售活动进行。

AITDA 五步万能销讲公式，任何行业都适用

对于社群发售而言，销讲环节的重要性不可忽视，它是整个发售过程的核心。销讲流程的巧妙安排、销讲稿的精心撰写以及销讲嘉宾的魅力呈现，这些要素将直接影响正式发售的最终结果。

很多人都不知道如何写销讲稿，不知道如何销讲，甚至害怕销讲。曾经我也是这样的，很羡慕那些站在台上侃侃而谈的人。后来经历过成百上千次的实践，我发现原来这里面藏着一套神奇的 AITDA 万能销讲公式，如图 5–2 所示。这个公式适用于任何行业，一旦你掌握了，发售业绩至少提升 3 ~ 10 倍。

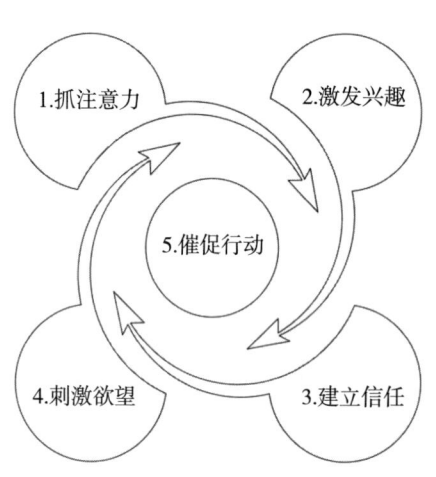

图 5–2　AITDA5 步万能销讲公式

抓注意力（Attention）

在这个飞速发展的时代，我们每天都面对着无数的信息，这让我们的大脑分散了注意力。对于来到我们社群中的客户来说，他们的注意力也是有限的。当他们在翻看群聊的同时，可能又被其他直播、其他事情吸引了注意力。

因此，想办法抓住他们的注意力，是我们成交环节中至关重要的第一步。否则，再好的产品，再好的成交主张，没有人看见，也是没有任何意义的。那么，如何让潜在客户持续关注我们，有哪些具体方法呢？我总结了人人都可以做到的六种方法。

序列式活动预告。提前让大家知道即将进行的活动，但不透露主要内容，唤起大家的好奇心和关注度。例如，在活动开始前3天、2天、1天进行倒计时，剩下5小时、4小时、3小时、0.5小时倒计时等，如社群掘金发售预告001、002、003……

序列式活动正式公告。在活动开始时提醒大家，鼓励他们参与现场签到。

暖场烘托气氛。通过发放红包、玩小游戏等营造轻松愉快的氛围。红包不仅能增加参与者的兴趣，还可以成为互动和奖励的一种方式。

修改群名称。通过修改群名称，吸引大家的注意力。可以将群名称设置得有趣些，让人想要点击进去看看究竟是什么，比如"你有666条信息未读"。

群发触达。通过群发通知，提醒大家现场参与。将活动的重要信息、亮点和福利通过群发通知的形式发送给每个社群成员，让他们了解并参与其中。

私信通知。通过私信一对一地邀请，表达更多的诚意。这样的私信邀请会让粉丝们更有亲近感，可以提升他们的参与度和体验感。

通过以上这些方法，你将能够更好地抓住潜在客户的注意力，让他们持续关注你，并积极参与你的社群活动。记住，在吸引人的同时也要提供有趣和有价值的内容维持他的注意力，这样才能让他有理由继续听你讲下去。

激发兴趣（Interest）

在每天数以万计的信息海洋中，你会关注哪些信息或者内容呢？是不是和你相关的或者能够让你产生好奇的？在私域社群发售阶段，你要想尽一切办法激发潜在客户对产品或服务的兴趣和好奇心，让他们渴望了解更多并主动参与。

为了激发他们的兴趣，你可以使用以下方法。

提出问题。提出引人入胜且与潜在客户相关的问题，引起他们的思考并激发他们的兴趣。例如，你可以问潜在客户是否想知道如何通过私域社群发售增加精准客户的数量并提升业绩，让他们产生探索答案的兴趣。

引发好奇。最有效的引发好奇的方式之一，就是分享一个颠覆常人认知的故事或告诉对方他最渴望知道的结果，去点燃大家内心的求知欲。例如，一个农村的苦孩子好不容易考上清华大学，研究生毕业后，

第5章 发售：引爆社群，开通购物车，客户疯狂抢购

很多大企业愿以百万年薪聘请他，但是他最后却选择回乡下养了1000头猪……你是不是很想知道他为什么会做出这样的决定？想知道他最后的结果怎么样？

结果前置。你在群里展示了其他客户使用产品或服务的结果，但不告诉他们是怎样做到的。例如，你是卖减脂产品的，你向潜在客户展示了客户使用你的产品后，在每天照常饮食的情况下，一周减重5千克的图片，那想减脂的客户肯定很想知道他们是怎样减掉的，更愿意继续留下来听你讲。

精彩披露。把精彩的内容提前披露一部分，就像电影上市前播放的预告片，以此来吸引观众的注意力。

实时互动。通过与潜在客户互动，了解他们的实时需求，并提供相关的信息和解决方案，引起他们的兴趣。例如，在社群里进行问答互动或提供有用的建议和提示，让潜在客户觉得你很关注他们的需求并愿意提供帮助。

通过以上这些方法，你可以巧妙地激发潜在客户的兴趣，让他们对你的产品或服务产生兴趣并愿意继续了解和参与。

建立信任（Trust）

"无信任不成交"，在产品严重同质化的当下，潜在客户买的不是产品，而是对你的信任。所以，建立信任是在私域社群发售中非常重要的一步，它能够帮助你赢得潜在客户的信赖和支持。那么，如何才能获得潜在客户的信任呢？

讲故事是建立信任最快速的方法之一，有以下几个原因。

人们喜欢听故事。几乎每个人都喜欢听故事，故事能够吸引潜在客户的注意力并激发情感共鸣。通过讲故事，你能够激发起客户的兴趣，让他们更愿意倾听并与你建立联结。

故事具有说服力。通过故事，你可以更好地传递自己的观点、价值和信念，建立权威，相比冰冷的数据和事实，故事能够以情动人，使潜在客户更容易相信和理解你所表达的内容。

故事易产生共鸣。通过讲述创业经历、遇到的挑战和成就的故事，你能够将潜在客户带入其中，让他们感受到你的情感和经历。这种身临其境的体验有助于建立更强的情感联系，从而促进信任的建立。

故事传递品牌价值观。通过分享真实的故事和经历，你可以传递品牌的价值观和使命，向潜在客户展示你以及品牌的独特性、专业性和真实性，进一步建立信任和产生共鸣。

故事易于记忆和传播。相比传统的推销口号或广告语，故事更容易被潜在客户记住和分享。通过讲故事，你可以让他们更容易将你的品牌或产品信息传递给其他人，从而扩大影响力。

你可以根据发售活动的属性及潜在客户的需求讲述以下三种类型的故事，即创业故事、品牌故事和客户故事（客户案例）。

创业故事。这是关于个人或团队如何开始创立自己的企业或品牌的故事。这种故事通常涉及克服困难和挑战，以及追求梦想和实现愿景的决心和毅力。例如，你是卖咖啡的，你可以讲述一个小型咖啡店的创业历程，描述创始人如何从零开始，克服各种困难，最终实现自己的梦想，提供优质的咖啡和烘焙食品，赢得客户的喜爱和信任。

品牌故事。这是一个关于品牌如何诞生并成长的故事。这种故事通常涉及品牌创始人或团队的独特经历、理念及使命，以及他们如何通过创造和创新打造出与众不同的品牌。如果你是一个时尚品牌的创始人，可以描述是如何基于自己的时尚品位和灵感，创造出这样一个独特的时尚品牌，并在时尚界赢得声望。

客户故事。客户故事也叫客户案例，利用客户使用了你的产品的真实经历和结果，来建立信任和提升说服力。分享客户在使用产品或服务后获得的好处和成就，可以让潜在客户更容易产生共鸣，并增加他们对产品或服务的兴趣和信任感。

有两种方式可以运用客户故事来提升发售业绩。第一种，你可以通过文字、图片或视频等形式展示。第二种，你可以邀请客户直接参与，在现场直接让潜在客户分享他的故事，比方说邀请他来群里分享，或直播间连麦。

例如，假设你是一家健身房的销售人员，你可以通过一位客户的故事来激发潜在客户购买会员卡。你可以介绍该客户开始锻炼前的身体状况和健康问题，以及加入健身房开始健身后身体状况的改善。你可以展示他的身材变化照片或他录制的视频，让潜在客户看到他真实的变化。这样一来，潜在客户会更容易相信健身房健身的效果，并产生购买的意愿。

当然，如果条件允许，邀请他本人亲自来到活动现场，让潜在客户眼见为实，这种效果当然是最好的。

除了通过讲故事建立信任外，你还可以通过展示存款、车子、房产、各种证书、代表作和大咖合影等来展示实力，进而与客户建立信任，因为人们普遍有慕强倾向。

图 5-3　实力展示打造信任

刺激欲望（Desire）

在发售过程中，经常会遇到这样的情况，明明客户都向你咨询过产品了，但仍然不愿意下单，这是什么原因呢？

其中一个关键的因素是，你在发售的过程中没有激发潜在客户的购买欲望和对产品的渴望。当他们的欲望被激发时，购买行为也就变得自然而然了。具体如何来做呢？你可以运用以下的一些关键方法。

独特卖点

让潜在客户深刻领略产品的独特之处，以及超越竞争对手的巨大优势，只有你的产品才能真正满足他们的需求。想象一下，拥有一款别具一格的产品，你是不是也会感到无与伦比的自豪？

如果你是一家汽车制造商，你可以强调自家汽车的个性化功能和设计，让每位客户都能拥有一辆独一无二的座驾，彰显自己的个性和品位。

描绘蓝图

客户买的不是种子，而是草坪；客户买的不是产品，而是使用产品后带来的结果。所以，你需要为潜在客户描绘一个他使用了你的产品后的世界和将会得到的美好体验，来激发他们的购买欲望。

例如，你是一家健身俱乐部的老板，你可以描述一位客户小胖在健身之后，成功减脂10千克，变得更加健康和自信，不但拥有了更具魅力的体型，还很快找到了心仪的女朋友，解决了自己的终身大事。

成交主张

抛出潜在客户无法拒绝的成交主张，提升他们的购买动力。前面讲的成交主张包括了七大核心要素，每一个核心要素都是会激发潜在客户的心理诱因，包括限时优惠和超级赠品等。

如果你是一家旅游机构，那么你可以宣布一个特别折扣优惠，原价9800元，现在仅需3800元，而且仅有最后的5个名额，抢完这5个名额就恢复原价，或者下架这款产品，以后都买不到了。这样潜在客户就会感到购买产品的迫切性，不愿意错过这个难得的机会。

催促行动（Action）

通过前面的序列动作，你已经让潜在客户对你的品牌有了深入的了解和信任，同时也提出了成交主张。但起初只有一小部分人下单了，这时你可以采取以下方法来催促其他人下单。

创造紧迫感

强调产品的独特性、限时优惠或限量供应等因素，以激发客户下单的冲动。例如，告诉潜在客户，名额只剩最后几个，现在下单才能享受额外折扣；或者优惠仅持续24小时，立即下单才能享受优惠。

增值服务

为客户提供额外的价值，比如免费赠品、优先配送或个性化服务。这样可以提升他们购买的动力，并让他们感受到特别的关怀。例如，现在立马购买产品，你将额外赠送价值800元的礼物，作为对客户的感谢。

灵活付款方式

提供多种灵活的付款方式，减轻客户的财务压力，帮助他们更容易做出购买决策。例如，可以选择一次性付款或分期付款，以满足他们的预算和需求。

风险保证

为了消除客户在购买时的任何犹豫感，你可以承诺提供零风险购买体验。你对产品质量和客户满意度充满自信，因此，如果客户在购买后发现任何不满，你将全额退款，确保客户没有任何风险。

第5章 发售：引爆社群，开通购物车，客户疯狂抢购

以上方法可以帮助你激励潜在客户的购买意愿，并最大限度地提升成交额。但需要记住，在催促客户下单时，要保持足够的耐心和专业，尊重客户的决定，避免过度推销和强硬销售。同时，你需要关注客户的反馈，及时调整发售策略，以提高发售转化率。

引爆社群，开通购物通道，让客户主动疯抢

经过前期谋划—造势—加热三个阶段的运营，你的产品终于要开通购物车开始发售了。想到这一切，你的内心是不是有些小激动，仿佛听到了"叮咚叮咚"一直不停的进账声。然而，在这个关键时刻，还有两个关键步骤——收款方式和测试，千万别疏忽。很多人在发售之前忽略了这一环节，几乎功亏一篑……

收款方式

开通购物车的时候，你需要给用户一个快速、简单的付款方式。根据我们的发售经验来看，以下几种收款方式比较合适，但随着 AI 的普及，未来还会有更多便捷的收款方式。

个人收款二维码

个人二维码收款是一种简便的收款方式，用户通过扫描商家个人收款二维码，直接向个人账户付款。它的优势有以下几点。

- 方便快捷。用户只需通过手机扫描二维码即可完成支付，无需

输入银行账号或信用卡信息。
- 成本较低。对于个人商家而言,设置个人二维码收款方式相对简单,并且不需要额外支付手续费。
- 实时到账。资金直接进入账户,商家可以立即确认收款并处理订单。

然而,个人二维码收款也存在以下劣势。

- 安全性风险。由于个人二维码收款不需要经过第三方支付平台,存在一定的安全风险,需要商家和用户保持警惕。
- 缺乏资金流转监管。相比企业收款二维码,个人收款二维码缺乏对资金流向的监管机制,可能有潜在的风险。

企业收款二维码

企业二维码收款是一种相对比较便捷的收款方式,商家通过向客户展示企业收款二维码,实现线上直接支付到企业账户。它的优势包括以下几点。

- 安全可靠。企业二维码收款经过第三方支付平台进行交易,具有更高的安全性和风险控制。
- 资金流转监管。使用企业收款二维码,资金可以通过正规的渠道流入企业账户,有助于监管资金流向。
- 可信度更高。展示企业二维码收款方式可以增加顾客对商家的信任感,同时增强企业品牌形象。

当然,企业二维码收款方式也存在以下劣势。

第5章 发售：引爆社群，开通购物车，客户疯狂抢购

- 需要注册公司，要开通"企业商户号"，开通后，也需要每天有一些不同金额、不同 IP 的收入做一些流水，养一段时间，否则同一时间过多同样的金额入账，也会有风险提示。
- 相对于个人收款二维码，企业收款二维码通常需要支付一定的手续费。

H5 落地页收款

企业 H5 落地页是指通过一个专门制作的网页，用于展示商品信息并方便用户进行购买的一种方式。它的优势包括以下几点。

- 定制化。企业 H5 落地页可以根据产品和品牌的需求进行定制设计，客户购买体验会更好。
- 支付多样化。借助 H5 落地页，企业可以提供多种支付方式给用户选择，例如支付宝、微信支付等，以便满足用户的个性化支付需求。
- 数据追踪和分析。通过企业 H5 购买落地页，企业可以获取详细的购买数据并进行分析，从而了解用户行为和偏好，有助于优化产品和发售策略。

但是，企业 H5 购买落地页也存在以下劣势。

- 成本较高。需要购买第三方商城或小程序系统，如小鹅通、有赞、哇咖咖等，费用一般在 5000 ~ 20 000 元不等。
- 技术支持。制作和维护企业 H5 落地页还需要一定的技术支持，涉及前端开发和设计等方面的知识。
- 访问受限。企业 H5 落地页通常需要通过互联网进行访问，对

没有网络链接或流量受限的用户可能存在一定的限制。

以上三种是常见的产品上架售卖的方式。当然，除了这三种外，还有微店、快团团和群接龙等多种上架产品和支付方式，我们需要根据自己的需求找到合适的来使用。

有一次，我参加了一位业内知名老师的直播发售活动。他设计的发售策略非常巧妙，成功地激发了众多热情高涨的潜在客户，大家都迫不及待地想要抢购即将发售的产品。

然而，在关键时刻，当购物车开通，客户正式开始抢购时，却出现了支付不了的问题，我尝试了多次都没有成功。客户的耐心是有限的，最终三分之一的意向客户都失望地离开了直播间。这次经历让我深刻领悟到一个道理，即使发售策略再巧妙，也不可忽视付款环节的重要性。

因此，为了确保你的产品能够顺利售卖，你需要选择最适合自己实际情况的产品上架方式。无论你选择哪种方式，关键是要记住一点：付款测试是必不可少的。

在这个关键阶段，你应该找 5～20 个内部人员来参与测试，检查付款是否顺利、流程是否畅通、金额是否准确等。同时，还需设置一两个备用付款通道，以防意外情况发生，确保发售顺利进行。

订单接龙

孙子兵法上说"先胜后战"，这在发售过程中同样适用。通过一系列精心设计的序列活动，你已经成功地激发了潜在客户的购买欲望。再加上无法抗拒的成交主张和无懈可击的发售流程，你成功地影响了一部分潜在客户，他们迫不及待地想要疯狂抢购你的产品。

因此，一旦抢购通道开放，你会看到大量订单不断涌现。但很多人错误地认为，只要开放抢购通道，就可以放松警惕，因此忽视了许多可能的订单。这时，你应该抓住机会，进一步激发大家的购买热情。你可以立即整理并公布第一批购买的客户名单，并以接龙的形式在社群里发布。这样做有以下几个好处。

激发下单欲望

当其他潜在客户看到已经有人购买了产品，并且他们的名字出现在名单上时，就会感受到购买的压力和紧迫性。这可以促使他们立即行动，抓住这个机会也成为幸运的购买者。

增强信任度

通过公布购买名单，展示已经有多少人愿意购买你的产品，表明你的产品很受欢迎，进一步增强了其他潜在客户对产品的渴望，并促使他们下单购买。

羊群效应

人们在做决策时，往往容易受到他人行为的影响。如果社群里有一部分人已经购买了你的产品，并对其赞不绝口，那当其他潜在客户看到这些正面评价时，就会被激发出更强烈的购买欲望。他们会觉得这么多人都喜欢并购买了这个产品，那这个产品就一定有它的独特之处，自己也应该抓住购买的机会。

通过接龙策略，你可以充分利用社群的力量，迅速唤起更多潜在客户对你的产品的购买热情。随着越来越多的人下单购买，大家会相互分享购买理由，这种积极的讨论将吸引更多的人参与到接龙中，形成一个良性循环。

当越来越多的人加入接龙，你的产品的影响力就会越来越大。更多的人会主动了解你的产品，进而更愿意购买。这样的势能将帮助你扩大影响力，提高产品知名度，吸引更多潜在客户来购买。

下红包雨

除了订单接龙，在发售时，还有一个非常管用的方法能够激发更多人的购买欲，那就是在发售现场下红包雨，具体方法如下。

下单现场抽奖红包

设置一个抽奖环节，在某个时间点开展现场抽奖活动，参与抽奖者仅为现场下单购买的人。这样可以激发参与者的兴趣和热情，吸引更多的人下单。例如，通过抽签或抽号码的方式，选出若干名幸运参与者，发放额度不等的红包作为奖品。

限时秒杀红包

设置一个短时间内的秒杀活动，在该时间段内购买指定产品或达到一定金额即可获得相应的红包奖励。这种方式可以增强参与者的紧迫感，促使更多的人在限时内下单。例如，在社群发售现场的最后半小时内，购买指定产品即可获得相应的红包。

现场互动红包

通过社群互动的方式进行红包发放，例如，在现场进行问答、抢答，恭喜已经下单的人等。通过抢红包吸引更多人的关注，这样可以增加现场的互动性和趣味性，吸引更多的人参与和下单。例如，发布一个产品相关的问题，现场第一个回答正确的人获得相应的红包。

下单专属红包

购买者在下单后，你可以为购买者提供个性化的奖励，可以在群里为他们发一个专属红包，让他们感知到你对他们的重视和关注，不但可以激发其他人下单，还能增加购买者的兴奋感和获得感。

值得提醒的是，下红包雨只是一种营销手段，更重要的是要确保产品质量和优质服务。只有在产品得到用户认可的前提下，红包雨才能发挥最大作用。

实时播报

除了订单接龙和下红包雨外，你还可以利用实时播报来刺激潜在客户的购买欲望。当他们看到很多人已经购买了产品时，会增加下单的动力。实时播报还能证明产品很受欢迎，从而激发社交效应和竞争意识，让更多的人参与购买。以下是一些实时播报的具体方法。

下单成功播报

当有人成功下单后，你可以第一时间在社群中发布一个播报，如"恭喜小明成功下单！获得价值××元的大礼包一份，还有机会获得专属红包",再结合上面的红包雨,会吸引很多人出来抢红包。这样的实时播报可以进一步激发其他还在观望的潜在客户的购买欲望。

数量剩余播报

你可以在社群中实时播报产品的库存情况。例如,"本次福利名额仅剩下最后10个、9个、8个……错过了再等一年"这样的播报可以提醒潜在客户,促使他们更快速地下单,以免错过购买机会。

用户见证和评价

把客户的正面反馈和好评用文字、数字、图片、海报或视频的方式在群里循环播报,让大家看到产品的口碑和信誉,让已经下单了的客户更加坚定自己的选择,提醒没有下单的潜在客户立即下单。

倒计时

倒计时给人紧迫感,能刺激更多的人下单。人们通常会对即将结束的、失去的感到恐惧,害怕错过某个特定的机会,所以在发售时,也要合理运用倒计时策略,这样会促使那些还在犹豫的意向客户快速下单。

以下是我们在发售过程中常用的一些倒计时的方法。

时间倒计时

你可以设定一个特定的时间段,在这个时间段内购买产品才能享受福利价格。同时,在社群中循环播报,如"本次活动时间仅剩最后10小时!还没有来得及下单的伙伴抓紧时间抢购!"这样会给人们一种只有在倒计时结束前购买才能享受优惠的感觉,激发他们下单的动力。

第 5 章 发售：引爆社群，开通购物车，客户疯狂抢购

数量倒计时

数量倒计时也同样给人紧迫感和稀缺感，如"本次福利活动仅剩最后 20 个！先到先得，抢完立马恢复原价"。通过倒计时器的展示，人们会感受到数量的紧迫性，他多犹豫一会，名额就可能被他人抢走，迫使他不得不立马下单。

赠品倒计时

除了时间倒计时和数量倒计时，我们还可以设置赠品倒计时，如"本次福利活动赠送的精美礼品仅剩最后 5 份！先到先得，赠完即止"。通过倒计时，人们会感受到赠品的稀缺，他们会更加急切地想要抢购，以免错过这个难得的机会。同时，赠品倒计时也可以增加活动的趣味性和互动性，吸引更多的人抢购。

涨价倒计时

你还可以利用涨价倒计时刺激潜在客户下单。例如，"仅剩最后 24 小时，价格将上涨到 8800 元！现在下单立省 2000 元（立赚 2000 元）！"这样可以给潜在客户一种紧迫感，促使他们尽快下单以避免支付更高的价格。

你要确保在倒计时信息中明确提及价格上涨的具体时间和增长幅度，以便让潜在客户清楚地了解他们可能面临的经济损失，从而尽快购买产品或服务。

简而言之，不管是订单接龙、下红包雨还是实时播报和倒计时这些稀缺紧迫的策略，设置都要明确和清晰，并与购买行为直接挂钩。它们并非孤立，而是密切相关的，以协同的方式发挥着作用。当它们和无法

抗拒的成交主张同时使用时，效果会立马翻倍。

重点回顾

　　这一章节主要讲了如何建立素材库，如何通过万能销讲公式来进行私域社群的发售。其中，素材库是人人必备的"军火库"；五步万能销讲公式适用于任何行业；发售时需要引爆社群，开通购物通道，让客户主动疯抢。

第 6 章

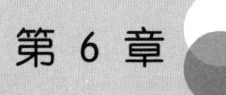

追售：提高社群发售成功率的必杀技

随着"叮咚叮咚"的进账声，很多人以为把产品上架开始售卖，发售就结束了。如果你也这样认为的话，那你将损失 30% ~ 50% 的业绩。如何挽回这 30% ~ 50% 的业绩呢？你一定要用上提升发售业绩的必杀技——追售。什么是追售呢？

追售就是让还没有来得及下单的潜在客户立即购买，同时让购买过你产品的客户再次购买更贵的产品或升级到更高级别的服务。

为什么追售如此重要呢？因为它能够恰到好处地抓住潜在客户的决策"窗口期"，有时候，客户并非不愿意购买，只是需要一些额外的推动。追售就像是给予他们一个温暖的提示，告诉他们现在正是下单的最佳时机，错过就太可惜了。这样的温馨提示可以触动客户的内心，让他们不再犹豫，而是果断选择"立即购买"。

对于已经购买过你的产品的客户来说，他们已经亲身体验了你的产品的品质和服务，信任度更高，这也为你进一步发售更高级别的产品提供了宝贵的机会。通过追售，你可以在客户心中种下一颗升级的种子，引导他们向更贵的产品或更高级别服务迈进。

用好这三大策略，业绩至少提升 30%

如何进行追售呢？追售意味着需要再次触达参与过发售的潜在客

户，最难的还是找"角度"，因为你已经开始发售了，潜在客户也知道你在卖什么产品，你总不能一开口就让人家来"买单"吧？那样的话，潜在客户很可能马上就不理你了。

那到底有哪些策略可以帮助你完成追售且还不尴尬呢？接下来我会给你分享三个最常用、最简单、最有效的追售策略，如图 6-1 所示。

图 6-1　三大追销策略

开小灶

开小灶策略就好比你在餐厅吃饭，服务员说今天是他们的店庆，你是其中一位幸运客户，额外给你赠送一盘价值 88 元的红烧排骨，你会不会拒绝呢？

再比如你是卖服装的，你可以再安排一场专门讲解如何穿搭更时尚的讲座。这样可以再一次筛选出对时尚穿搭感兴趣的潜在客户。通过知识讲解和案例分享，详细展示你们的专业性和产品优势，帮助客户更好地了解你们的产品价值。这样一来，潜在客户们能够亲自体验到你们对时尚的独特见解，进而增强他们的购买意愿。

再比如说我是做私域社群发售变现的。追售时，我们首先要调查客户的真实需求，找到他们迫切想要解决的问题，设计一个他们渴望了解的主题。精心准备他们想了解的内容，给他们带来惊喜和满足感，不断增强他们对我和我的团队的信任度，进而激励他们下单。

需要提醒的是，开小灶的内容要和你后续追销成交的产品相关联、相匹配。这样才能更好地满足客户的需求，提高发售业绩。

答疑解惑

在追售过程中，除了开小灶（加餐）和复盘，答疑解惑也是非常重要的一种追销策略。它意味着我们需要回答客户在购买过程中遇到的问题，消除他们的疑虑，增强他们对产品的购买信心。

答疑解惑的目的是为了让客户更好地了解我们的产品，解决他们的疑问和顾虑，客户可能会问关于产品功能、使用方法、产品效果及售后服务等方面的问题，我们需要通过清晰易懂的方式来回答这些问题，帮助客户消除困惑。

具体来说，答疑解惑可以通过以下几个步骤来进行。

收集情报

你可以通过问卷调查、社群接龙、点对点交流等方式收集他们的问题，加以总结和筛选。

清晰解答

针对潜在客户提出的问题，我们需要用通俗易懂的语言给出清晰的解答,避免使用专业术语或复杂的表述,确保潜在客户能够轻松搞明白。

提供案例或示例

为了更好地解答潜在客户的问题,我们可以提供一些实际案例或使用示例。这将帮助他们更直观地了解产品的使用方法和看到使用产品后的实际效果。

主动回答常见问题

除了针对潜在客户提出的问题进行回答外,我们还可以事先整理一份常见问题清单,并提供详细的解答。这样既可以节省时间,也能让客户快速找到他们想要的答案,解除心中的疑惑和抗拒。

友善和耐心

在回答潜在客户的问题时,你需要保持友善和耐心。无论问题有多简单或重复多少次,你都要以专业的态度和礼貌的口吻回答,让潜在客户感受到你的真诚和关心。

通过精心的答疑解惑,不但能够消除客户的疑虑,还能增强他们对产品的信心和购买意愿。这是与客户建立良好关系的重要一步,也是追售过程中不可或缺的重要一环。

活动复盘

都说真诚永远是最好的套路,除了上面讲到的开小灶和答疑策略外,还有一个非常有效的策略叫作活动复盘,你可以从这个角度去为客户提供价值，再次追售。

你可以把你的整个活动的操作方法和流程以一种复盘的方式与潜在客户分享，让他们能够像操盘手一样从中获得更大的价值。活动复盘也可以说是为你的发售活动画龙点睛，是让潜在客户获取更多价值的关键环节。

一场成功的私域社群发售活动复盘包括以下几个步骤。

收集数据

你需要收集与发售活动相关的各种数据，包括发售目标、发售业绩、触达人数、进群人数和用户反馈等，为后续的复盘分析提供有力的支持。

分析结果

在收集到足够的数据后，你可以开始对数据进行分析。通过比较活动前后的数据变化，你可以看到活动的效果和问题所在。同时，还可以利用统计学方法和市场调研手段，深入挖掘数据背后的隐藏信息。

问题总结

在分析数据的基础上，你可以发现发售中存在的问题，并找到造成问题的真正原因，及时优化。比如，推广渠道选择不当、宣传文案不吸引人、发售时间选择不合理等。

通过问题总结，我们不但可以针对性地优化追售方案，还能告知潜在客户哪些坑不要踩。

经验总结

在发现问题的同时，你也要总结活动中取得的成功经验和好的做法。这些经验可以成为以后发售活动的参考和借鉴。

改进计划

根据活动复盘的结果，你可以制订具体的改进计划。比如，修正推广策略、优化宣传文案、调整活动时间等。这样可以确保下一次发售活动更加成功。

在进行活动复盘时，你要用通俗易懂的语言，结合具体的实例和操作步骤，这样潜在客户才能够轻松理解，并能够将这些经验应用到他们自己的项目或行业中去。

不同的客户群体、行业和项目都适用于以上三种追售策略，当然，你也可以选择最适合自己的策略去使用。但无论你选择哪种追售策略，都需要通过社群、朋友圈、公众号和视频号等渠道去全面触达潜在客户，提升30%～50%的发售业绩。

招招消除客户疑虑，让客户心甘情愿下单

上面分享了三种追售策略，不管用哪一种策略，我们在追售客户的过程中，一定会遇到各种不同性格的客户，也会遇到各式各样的问题和抗拒点。当你把客户的这些抗拒点一一解除，成交是水到渠成的事。

在追售过程中，我们经常会遇到客户说"太贵了""预算不够""再

考虑一下""再商量商量"等，如果没有提前准备好应对策略，就会因为临时回答得不够理想而错失很多精准客户。

客户说"太贵了"，如何成交

有时候你已经跟客户聊得很投机，并报了最低价格，也给出了最大的福利，但客户还是说太贵了，你该怎么办呢？

90%以上的人一听就急了，好不容易找到一个意向客户，就会恨不得立马说服客户。常见的错误回答有以下几种：

- "一分价钱一分货，我们的产品卖了好多年了，这个价格真心不贵。"
- "这个价格已经是打过折的了，比原价便宜好多呢。"
- "好货不便宜，贵有贵的道理，这是老板的定价，我也没有办法！"

俗话说，嫌贵才是买货人，嫌贵是客户的正常心理。当客户说贵的时候，一定不要与客户纠缠，因为这时就算你大费口舌地辩解也无法转变客户的想法，无法让客户立即买单。你要做的不是与客户辩论"贵与不贵"的问题，应该分析客户觉得贵的真正原因，再来对症下药。客户嫌贵通常有以下三个原因。

认知偏差

评估分析：客户对产品价值和价格存在认知偏差，客户感受到的产品价值低于产品价格。

应对策略：提升产品价值。我们在销售产品的时候，要先与客户"调频"，告诉他产品"贵"在哪儿，以及为什么这个功能/服务值这么多钱。

（参考话术）

客户：太贵了！

销售：您是觉得不划算，对吧？

客户：是的。

销售：王总，您说得太对了，一看您就是懂行的人，我们很多老客户刚开始也都是这么说的。但是，您看，咱们这款产品是进口材质，由专业团队设计，采用108道制作工艺，还送5年的售后服务，比起那些普通产品，使用寿命也增加了5~10年。重要的是拿出去更显高贵，更有面子。您看是不是很超值？

预期效应

评估分析：客户没有找到该产品预期的价值，产品虽然价值很高，但客户不了解产品的价值。

应对策略：拿出一款锚定产品，调整用户的心理预期，使客户心理预期发生转移，从不愿意付费，到心甘情愿买单。

（参考话术）

客户：产品挺好，但是价格太贵了！

销售：李总，您是觉得支付有些压力吗？

客户：嗯。

销售：我能理解，那您看看咱们另一款产品吧，价格是比原来的这一款便宜了一些，但是从功能、材质、性能、使用寿命各方面比较，没有您看上的那一款产品性价比高，您愿意选哪一款呢？

客户：那我还是选择第一款吧。

需求挖掘

评估分析：当你重新塑造了产品价值，发现客户还是觉得价格高，这时应反思目标人群是否真的有需求，意愿度到底有多大，是真的想买还是在找借口。

应对策略：询问＋判断＋化解

通过询问来了解客户心中的预期价格，判断客户的需求是"真需求"还是"假需求"。

（参考话术）

销售：李总，除了觉得价格贵一点外，对产品其他方面都满意吗？

客户：是的，满意。

销售：那你们的预算是多少？（试探客户底价）

客户：我们以前买的都是200元左右一个。（如果客户快速说出了自己的理想价格，说明有需求，那继续提升价值，给他一个非买不可的理由）

销售：我能理解您所说的，但是如果我能帮您找到一款性价比超高的产品，使用三年之后还能像新的一样，有三年的质保，还额外帮您申请一份价值1000元的福利大礼包，而且这个也只有贵宾才能享有的福利，算起来这个价格比原来的稍微贵一点点，那您看可以吗？

客户：可以。

如果客户支支吾吾半天都说不出心里的价位，说明他没有需求。对于这种客户，我们暂时不用再花时间在他身上，做好标签备注，找到合适的契机再来追售。

总之，客户说"贵了"，我们不能立马反驳，也不用立即解释，而是需要分析客户，找到客户嫌贵的真正原因，再根据客户的情况具体应对。

客户说"预算不够"，如何应对

做追售时经常会遇到这样的情况，和客户聊了很多，但是到了最后要买单时，客户说"产品很好，只是预算不够"。你该如何应对？

大多数人遇到这种情况会直接回答客户：

- "哦，那您等预算够了再联系我吧。"
- "那您看看另一款吧，这款比较便宜。"
- "这么大的公司，这单金额也不大呀。"

当客户说预算不够时，千万不要着急向客户推荐更便宜的产品，也不要着急回复他，而是要评估分析，探清客户是真的预算不够，还是对产品不满意，想找个借口离开。客户通常在以下三种情况下会说预算不够。

- 真超出预算。客户对产品很满意,但是报价确实超出了他的预算。
- 想降低价格。客户不是真的预算不够,只是想借此机会让你降价或者获得更大的福利。
- 找理由推脱。客户不了解产品,或者已经选好了其他竞争对手的产品,明确自己不想购买,只是想找个推脱的理由罢了。

(参考话术)

客户:这个产品很好,就是超出我的预算了!

销售:那您除了预算,对产品其他方面都还满意吗?

客户:我觉得蛮不错的。

销售:那您的预算是多少呢?

客户:以前是2000多一点。

销售:现在是厂家进行福利回馈活动,如果您错过了这段时间,未来可能要花更多的钱,而且效果还不一定有现在这么好。虽然说这个价格超出了一点预算,但是综合比较还是非常划算的,买到自己喜欢的东西比什么都重要,您说呢?

客户说"我再考虑一下",你如何回应

做销售的人都会遇到这种情况,可能你忙前忙后,讲得口干舌燥,给客户介绍了N款产品,从第一款到第五款,最后想让顾客买单的时候,客户却以"我再考虑考虑"来回答你,那你该如何回应呢?

不恰当的回答:

第6章 追售：提高社群发售成功率的必杀技

- "好的，那等你考虑好了再联系我吧。"
- "我们这么好的产品，你还需要考虑吗？"
- "这有什么好考虑的，我们的产品真的很适合你呢！"

当客户说出"我还要考虑一下""我再看看""下次再买吧"这些话时，就是他内心还有疑虑和抗拒点没解除。要想让客户下单，你必须先搞明白客户还有哪些疑惑和抗拒点。常见的有以下三种情况。

- 担心商品的质量。害怕自己购买到瑕疵品或者问题产品，导致损失惨重。
- 担心产品的使用效果。客户购买产品或服务时，会担心达不到自己预期的使用效果。
- 担心价格买贵。客户在购买产品时，不是不舍得花钱，是担心买贵了，不是想买便宜，而是想占便宜。

分析清楚了客户需要再考虑的原因，解决起来就会方便很多。

应对策略：共情 + 请教 + 化解

先认同客户的想法，再虚心请教客户需要考虑的真实原因，只要客户愿意和你说话，就可以直截了当地询问他的真实情况。找到客户真正的抗拒点后，再根据实际情况进一步化解，就能大大提升成交率。

〔参考话术〕

客户：好的，我再考虑考虑吧！

销售：我理解您的想法，买东西多考虑一下也是非常好的，我只是想再了解一下，您现在主要担心产品的质量，还是产品使用效果或价格呢？

客户：产品我是满意的，就是感觉价格有点贵了。

销售：您挺有眼光的，一来就看中了我们的定制款，这样吧，我看您跟我也聊了这么长时间了，也挺喜欢这款产品，特别有诚意，我帮您申请一个 VIP 专属福利，还额外赠送您一份价值 1000 元的大礼包，平均计算下来，才 28 元一天，不到一杯奶茶钱，您看可以吗？

客户：好的。

客户说"和老板商量商量"，怎么办

很多时候，在和客户交流的过程中，客户对产品表现很满意，但却在买单的时候跟你说："我还要和老板商量商量。"你该怎么回答呢？

- "这个真的很适合您，还考虑什么呢？"
- "今天的优惠力度如此之大，错过了就不会再有了呀！"
- "那您商量好了再来找我吧！"

这几种回答都不合适。第一种回答太强势，合不合适由客户说了算，推销味太强，容易导致客户产生排斥心理，导致客户沉默；第二种回答纯属自嗨，客户要是真在意优惠，早就下单了；第三种回答是无尽的等待，客户回去后变数更大：他要和谁商量？商量什么？谁才能做决策？如果你一无所知，那么后面会非常被动，通常就是你再联系客户时，客户不再回复你，或者说还没商量好。

客户说"要回去找人商量商量"，通常有以下三大原因。

- 有异议。弄清楚客户的角色,他是否真的有决定权?如果有,说明心里有顾虑没有解除,商量只是个托辞,要想办法解除异议。
- 影响大。要买的产品相对复杂,确实需要更多的人商量才能决策。
- 非决策人。客户确实不是决策者,不能承担责任和风险。

当客户表示需要与谁商量时,第一时间要了解客户的心理状况,理解客户的想法,询问客户主要跟谁商量,判断客户是决策者还是影响者。你可以按照以下四大步骤进行。

第一步:假设成交

客户:我要回去跟老板商量商量!

销售:王哥,假如您不需要和老板商量,自己能做主的话,您愿意选择我们吗?

客户:愿意的。

销售:您对我们的价格能接受吗?

客户:可以接受的。

销售:您愿意把我们的产品推荐给需要的人吗?

客户:可以的。

根据发售的产品,灵活调整上面话术,目的就是再次获得客户的认可。如果客户能做主,那就绝对成交了,即使客户做不了主,也可以让他向有需要的人帮忙转介绍。

第二步：成为客户"自己人"

客户需要和第三方商量时，尽可能用"我们""咱们"和"大家"这样的称呼，可以让客户感觉你是自己人，并且能和客户需要商量的人先建立起初步的关系。

销售：王哥，咱们什么时候再沟通一下？

客户：现在。

销售：如果您老板不同意的话，您觉得会是什么原因呢？

客户：……

帮助客户提前思考，跟客户统一战线，搞定了客户本人，也就成功了一半。

第三步：安排一个所有决策者都能参加的会议

想办法安排这样的会议，根据对方的工作属性，多建议几个可行的时间，让客户有选择的空间，以增加自己参加决策者会议的可能性。

销售：王哥，您把您老板一起约来，我帮您跟他沟通？这样他会了解得更清楚。或者我们拉个小群，开个语音会议，现场解决您老板（决策者）提出的问题。

客户：好的。

第四步：再将产品隆重介绍给真正的决策人

如果你想要提升成交率，一定要向真正的决策人隆重地做一遍甚至多遍产品介绍。如果让客户自己去说服决策人，你就必须保证客户非常认可你的人品、你的产品，并愿意与你合作。否则的话，还是你亲自前去和真正的决策人沟通，效果会更好。

总之，当客户说"太贵了""预算不够""我再考虑一下""要和老板商量商量"时，并不代表销售结束了，你需要判断他说这话时的真实心理和抗拒点，然后再采取相应的解决方案。

低承诺高兑现，给予客户十倍价值

在私域社群发售中，我认为收钱只是成交的开始，每一次成功的发售都是下一次发售的起点。如果我们的交付超出客户的预期，甚至超十倍交付，客户认可我们的价值，就不可能只购买一次我们的产品。只要他们需要我们的产品，一定会复购和转介绍。只有这样，我们才能在客户心中留下深刻而美好的印象，让品牌成为他们信赖的选择。

我们需要把已经付款的客户导入到服务群，通过服务群对已购买产品的客户进行引导，教他们更好地使用我们的产品，享受产品给他们带来的价值。我们的目标是持续提供超出承诺的价值，以加深客户对我们品牌的印象，并影响他们未来的购买决策。

构建服务群

在流量群，重点考虑的是如何吸引客户和锁定流量；转化群以开展发售活动和成交为主；服务群是个有温度的地方，它的存在主要是为了提供特定服务来满足客户的各种需求。

除了满足客户的实际需求外，服务群还特别强调精神层面，要让人感觉这是一个有系统的、有精神层面价值体系的地方。这个价值体系里至少包含七大要素：使命、愿景、价值观、口号、称谓、编号和档案。

以我们的"社群挖金圈"为例。"社群挖金圈"专注私域社群运营变现指导，一站式解决企业和创业者的私域社群运营和发售变现难题，提供最落地的社群发售方案并带教指导，30天教你将粉丝和产品变成钱。

- 使命：帮助10 000以上创业者及企业用私域社群发售打通批量收钱的最后一公里。
- 愿景：用社群促进销售。
- 价值观：团结、有爱、勤恳、奉献、极致。
- 口号：学千遍万遍不如实操一遍。
- 称谓：战友/私董。
- 编号：专属证书及唯一编号。
- 档案：收集基本信息，方便联系和寄礼物。

这些要素不仅为社群提供了明确的方向和目标，还让客户感受到了归属感和安全感。当然，除了上述提到的要素，你还可以根据品牌的特色和客户的属性来制定一些其他的要素，这些看似与发售没有直接关系的七大要素，实际上是打造一个有价值、有温度、有凝聚力的社群的关键所在，也是社群的"魂"。

为了更好地满足客户的需求，让客户感知到你的极致服务，除了要具备以上七大要素外，还要参考之前讲过的构建价值千万的社群的八大要素，去打造出一个让人愿意进、愿意留、愿意复购和可裂变的高价值社群。

入群安排

构建服务群之后，我们需要将已购买产品的客户有序地导入服务群中。也许你会说，这还不容易，只需把他们拉进群就行了。但请不要忽视这个看似简单但非常重要的步骤，因为 90% 以上的人都做错了。

你是否曾经有过被悄悄拉进微信群而毫无察觉的情况？如果你进入群后没有人欢迎，也没有群公告，更不知道这个群是干什么的，那你还会继续关注这个群吗？当然不会！那么，正确的拉群流程是怎样的呢？

客户精细化管理

为了与客户有效沟通并提供更好的服务和价值，帮助他们更好地使用产品，将产品的价值最大化，就要先对客户进行精细化管理，也就是说你要将已购买产品的客户添加到一个专属的微信号上。你要通过朋友圈、微信群、私信等方式，全方面持续培育和服务客户。

如果你的人力有限或客户数量较少，你也可以继续使用原来的微信号，但一定要进行精细化的客户运营，管理好标签，修改昵称和备注，方便日后的沟通和服务。

有序邀请进群

做好标签，接着就要有序地邀请客户进群。如果成交一个客户就拉进群，整个过程会显得零散而缺乏仪式感，客户也无法感受到特别的接待。那么正确的方式应该是怎样的呢？

首先，提前准备好邀请文案、群公告和欢迎语，并安排好管理员负责接待工作。

其次，提前3～6个小时通知客户，告知他们将在某个时间点邀请他们进群，并告知他们需要做哪些准备工作，在入群后应该如何行动，还要注意哪些事项，让他们期待入群活动的到来。比方说，提前告诉他们进群后，先看群公告，再发一个红包，然后发自我介绍，让更多的人认识他们。

最后，在约定的时间内邀请他们进群，并在他们进群的第一时间带群内的伙伴欢迎他们的到来，提醒他们进行自我介绍，让他们感受到温暖和热情，进一步增强彼此的信任感。

值得提醒的是，目前，腾讯对社群的管理比较严格。如果一次邀请过多的人进入社群，并且速度过快，可能会被机器人监测到，群就会面临被封禁的风险。为了确保安全，我建议在客户数量较多时，你可以分批次邀请他们进群。这样做不仅可以减少与机器人行为的相似度，还能更好地保障你的社群安全。

举办欢迎仪式

邀请客户加入社群后，要举办一场热情洋溢的欢迎仪式，这样能给新加入的客户留下良好的第一印象，同时让他们感受到仪式感和归属感。

首先，欢迎仪式能让客户感受到被重视和被关注，能让他们觉得自己是社群的一员，并受到热烈的欢迎。这种关怀能激发客户积极参与，提高他们在社群中的活跃度。

其次，欢迎仪式也是介绍社群文化、规则和活动的机会。通过这个仪式，我们可以向客户传达社群的核心价值观、文化以及群内的行为准则，帮助他们更好地融入社群大家庭。

最后，欢迎仪式还能促进客户与其他客户之间的交流和互动。我们可以为客户提供一个平台，让他们介绍自己、分享经验和需求，与其他成员建立联系和合作。

总之，举办欢迎仪式旨在激发社群的活力，增进成员之间的互动和凝聚力，让社群更加充满活力和温暖，同时也为未来的再次发售打下坚实的基础。

极致交付

举办了欢迎仪式后，大家的关系又更近了一步，此时，你可以安排发货或进行产品使用培训，让产品的价值得到充分的体现，从而更好地解决客户的问题。为了实现极致交付，你可以做以下几个动作。

确定客户需求

通过填写调研表、社群接龙或与客户进行一对一的沟通，了解他们购买产品的目的以及他们希望从中获得什么样的价值。

提供个性化指导

根据客户的需求和目标，提供个性化的指导和建议。教会他们更好地使用产品，帮助他们实现他们的目标。

提供丰富资源

在服务群中分享有价值的资源，如教程、案例研究、行业报告等，确保客户能够从中获取他们想要的信息和知识。

举办培训和研讨会

定期组织专业培训和研讨会，让客户可以学习最新的行业动态和给予最佳实践机会。

促进合作和互动

鼓励社群成员之间合作和互动，建立良好的沟通和合作氛围。可以组织团队活动、讨论会、问答环节等，给他们提供更多的交流机会。

定期跟进和反馈

保持与客户的定期沟通，每个月一次或半个月一次，了解他们产品使用的情况和遇到的问题。根据客户的反馈进行调整和改进，确保提供客户想要的优质服务。

提供额外的价值

除了社群内的服务外，你还可以提供额外的价值，如提供礼品、奖品、免费咨询、专家讲座、线下活动等。你可以通过超出他们预期的服务来赢得客户的信任和忠诚。

同时你还可以做一个服务群的活动排期表，每周设置2～3次不同主题的分享或活动，这样既满足了客户的需求，又增加了社群黏性，能轻松实现更多复购和裂变。

第6章 追售：提高社群发售成功率的必杀技

再造三重浪，为下一场发售蓄能

社群发售是一个系统化的多米诺，每一个环节都相互关联、相互影响，当你完成一次发售之后，并不意味着你的工作就结束了。相反，这又是一个新的开始。好不容易花了时间和精力把潜在客户聚集在一起，就绝不要放过任何一个筛选客户、触达客户、培育客户的机会。哪怕发售动作已经结束，也要为下一场发售做铺垫，积蓄更多的势能，实现复利叠加的效果。

具体如何做呢？你需要做好后期部署，再造"三重浪"，其中第二重浪特别重要，如图 6-2 所示。

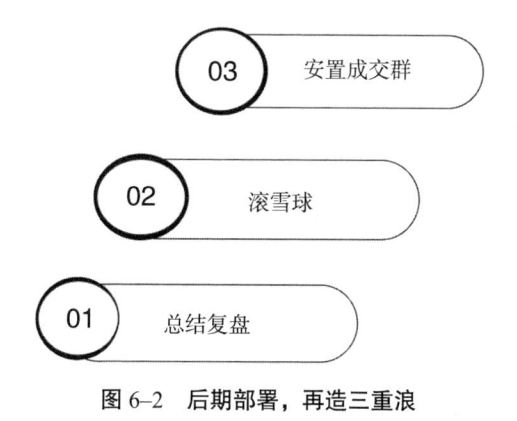

图 6-2 后期部署，再造三重浪

总结复盘

第一重浪就是总结复盘。它是我们完成一次发售之后必须要做的一项非常重要的工作，目的主要有两个：一是对整个发售过程进行总结回顾，总结哪些方面做得好，哪些方面需要改进；二是积蓄更多的能量，为下一场发售做铺垫。

总结复盘的形式有很多种，可以通过开会讨论、写报告、心得分享等方式进行，具体的活动复盘的方法在本章前面有详细的分享，在此就不再赘述。

我的几位私教学员在一次发售中采用的宣传策略非常成功，吸引了很多潜在客户的关注。然而，他们在邀约粉丝进群的时候，进群人数没有达到预定的目标，导致发售业绩未达到预期。

通过总结复盘，他们找到了问题所在，很多人根本就不知道他们的这个活动。后来他们制定了相应的多渠道解决方案，并应用在下一场发售中，业绩果然提升了30%。

总结复盘的好处是显而易见的。它可以帮助你发现问题、预防问题、解决问题和改进方案，从而提高发售业绩。此外，总结复盘还可以促进团队成员之间的交流和合作，共同进步。

因此，我们应该将总结复盘作为每一次发售后的必做事项。我们可以通过集体讨论、问卷调查等方式，收集各个角色的意见和建议。最重要的是，需要将问题和解决方案整理成文档或SOP，方便团队成员参考和运用。

滚雪球

第二重浪是滚雪球。复盘是基础，重点是要把复盘整理出来的内容，如发售的结果、流程、方法和经验等，分发到社群、公众号、视频号、抖音、快手、小红书和朋友圈进行"滚雪球"。这样做有哪些好处呢？

吸引新客户

通过滚雪球，让更多的人了解到你的产品或服务，激发潜在客户的兴趣，吸引他们进入你的社群，扩大你的客户群体，增加下一场发售的参与人数。

唤醒潜在客户

滚雪球可以唤醒之前对产品感兴趣但尚未购买的潜在客户，通过另一种方式提供新的信息，可以激发他们的购买欲望，促使他们购买或参与下一场发售。

保持关注度

滚雪球还有助于维持社群成员和潜在客户的关注度。通过分享总结复盘的内容、发布相关的喜讯和资讯等，保持他们对你的品牌和产品的注意力，并提醒他们下一次发售的时间和相关信息。

扩大影响力

通过滚雪球，可以让更多的人了解你的产品，感受到你的权威性和势能，增加品牌知名度。当他们知道你的产品卖得很火爆时，也会吸引更多的人找你合作。

在滚雪球的过程中，可以采用以下四种形式。

（1）喜报。你可以做一些报喜海报，写上某某活动、某某产品、某某课程，多少天成功发售多少万元；或是做一些恭喜海报，恭喜某某人成功购买你的产品等海报，发布到各种社交媒体平台，如微博、公众号、视频号、朋友圈、社群和小红书等。

（2）**短视频**。把发售活动的盛况、流程、方法及结果拍摄成短视频，分发到各个视频平台，快速传播出去。

（3）**文章**。还可以写复盘文章，把发售活动中的一些成功经验和踩过的一些坑总结出来，甚至还可以把已经付款的大咖的头像和名单列举出来，通过发布对潜在客户有价值的内容、照片、视频等，引起潜在客户的阅读和分享。

（4）**连麦**。如果想让你的江湖影响力变得更大，那你可以找一些比较有影响力的大咖或学员来和你连麦分享；甚至你还可以去别人的社群分享，借力别人的资源，让更多的人认识你，了解你和你的品牌，持续放大你的势能。

以上四种滚雪球的方式，其实就是一鱼多吃。你只需要做好复盘，准备好一套相对标准的文字分享稿，根据不同的对象、不同的场景，稍微修改一小部分内容就可以了。

这样既不会占用你太多的时间，还能迅速扩大你的影响力和品牌知名度。我的学员每次做完发售活动后都是这样去滚雪球的，效果都非常不错。

安置成交群

第三重浪是妥善安置成交群。无论是哪一场社群发售活动，不管你的成交主张多么吸引人，你的发售流程多么精细，进群的人都不会全部购买你的产品，更不会都成为你的客户。

经过之前的一系列流程和操作，这个成交群已经发挥了最大的作用，它的价值已经被充分挖掘出来。那么接下来你要做一个决策，是解散这个群还是继续保留呢？

有序解散成交群

如果你自己没有足够的时间或运营团队，我建议你按照一定的步骤来解散这个群，但在解散前先要获取那些没有购买的潜在客户的数据，并与他们建立联系和互动，千万不要随意将群解散。我们来看看具体怎么做吧。

（1）**客户精细管理**。那些进入成交群但没有下单的人，虽然没有付款给你，但他们是意愿最强、对你和你的产品或品牌较为了解的一群人。他们没有购买产品的原因可能有以下三点：

第一，对产品、品牌和交付不信任，或者信任度还不够，不足以让他把钱交给你；

第二，需求没有被激发出来，还没有到达非买不可的地步；

第三，目前手头的资金不足，想买也买不了。

因此，针对这部分没有买单的潜在客户，你有必要对他们进行标签管理。如果还没有把他们加到专属微信群中，一定要记得加上好友，以便后续进行互动和培育。等到下一次进行发售活动时，再邀请他们进入成交群，有了之前的基础信任，再次转化的可能性将大大增加。

（2）**提前发群公告**。在解散群之前，提前一两天通过群公告或群发消息等方式吸引成交群的潜在客户的注意，让那些没来得及参与活动或未下单的潜在客户了解情况并做出决策。

例如，大家好！感谢大家参与本次发售活动，现在要告诉大家一个消息：本群的使命即将完成，计划于后天晚上8点整正式解散。

恭喜已经抢到福利名额的小伙伴们，还没下单的伙伴请抓紧时间点击链接直接购买！解散后将恢复原价6800元，也就是说，没有下单的小伙伴们将失去本次优惠活动的机会。

在发布群公告前后，你都可以发一个感谢红包，吸引人们回到群里，然后将购买链接、权益以及收款方式等信息发到成交群里。

为了持续引起群内潜在客户的注意，你需要进行3～4次解散倒计时的动作，并可以修改群昵称，配合群公告，效果更佳。根据解散的时间节点，你可以计算距离解散的时间，例如提前2天宣布解散，第一天早中晚各发一次倒计时群公告，第二天则选择倒计时4小时、2小时、1小时、30分钟、10分钟这几个时间点，逐渐增加紧迫感。

例如，亲爱的小伙伴们，距离本次活动群解散倒计时还有30分钟！恭喜又有2位睿智的小伙伴抢到了福利名额！还在犹豫的小伙伴，请赶紧点击链接！

为感谢大家的支持，我们特意为每位伙伴准备了一份价值199元的礼品，请添加小助理领取。下次活动开启时，我们也会第一时间通知大家。

同时，记得先发红包吸引人们回到群里，然后再发布购买链接或付

第6章 追售：提高社群发售成功率的必杀技

款方式等信息，将涨价信息充分传递给每位潜在客户。

当然，如果你想全面再次触达，可以将这些内容同步到朋友圈或进行群发私信通知，让潜在客户全方位了解活动的动态，从而激发部分潜在客户下单。

（3）**有序解散群**。你是不是也经常遇到这种情况，很多人在发售活动结束后，没有发布任何通知，突然莫名其妙地被人移出了群聊？此刻，你的心情会怎样？就好比别人邀请你去他家做客，然后无缘无故地将你赶出家门，你会再次去他家做客吗？

此外，有时候还会出现一种情况，有些潜在客户非常忙碌，可能没有看到群里的重要信息，从而错过最后的机会。

为了避免这种情况发生，除进行精细化的客户管理和倒计时外，你还需要分批次有序地解散成交群。在解散之前，你可以最后一次发送订单链接和支付方式，然后每次以 50 ~ 100 人为单位有序地将人移出群聊。

这样操作可以最大程度地引起群成员的注意，同时，那些已被移出的人，仍然可以看到之前群里的历史信息，这将为你提供最后的转化机会。

转换成流量群

如果你自己有足够的时间，也有运营团队，或者也需要储备流量，我建议你把这个群转换成流量群，虽然在运营上会多花一点时间，但是很有好处。

第一，扩大影响力。通过把成交群转换成流量群，你可以得到更多的曝光机会。成交群主要是为了促成交易，主要聚集已经有购买意愿的潜在客户；流量群的目的则是扩大影响力，让更多的人了解你的产品或服务。

因此，一旦把群转变成流量群，你就可以通过多种方式来吸引更多的人加入，比如分享有趣的内容、推荐优惠活动等，这样会带来更多的曝光机会，进而为下一次发售储备流量。

第二，储备流量。流量群可以帮助你建立更紧密的互动关系。在成交群中，大家的关注点主要是交易本身，一旦交易完成，互动的动力也会逐渐减弱。但是流量群则不同，目的就是种草，这种互动关系没有利益关系，群里氛围会更加轻松，更容易吸引其他人进群。

第三，提高关注度。流量群还可以成为一个有效的营销工具。通过流量群的互动，你可以了解到潜在客户最感兴趣的话题和内容，进而针对他们的需求采取精准的营销策略。比如，你可以通过在群里分享关于产品的故事，或者发布与行业相关的资讯，吸引潜在客户的兴趣，提高他们对你的关注。

此外，通过流量群的互动，你还可以收集到潜在客户的反馈和意见，从而改善产品和服务，提升客户的满意度，为下一次发售做足准备。

具体如何转换呢？只要简单的三步即可完成。

（1）规划流量群的运营内容。根据行业属性和潜在客户需求，每周分享 2~3 次实用或有趣的内容，可以是一些搞笑的图片、有趣的故事或者新奇的干货等。每天固定时间推送行业资讯，让大家能够及时了解最新的行业动态。这样一来，群成员们每天都有新鲜的内容可以看，也能增加互动，提高社群的活跃度。

（2）**通过群公告或者私信的形式发通知**。一定要告知大家这个群为什么不解散，转化成流量群会不定期地发放免费福利、优惠活动或者有更多的干货等，让大家有参与的动力。同时，也要解释清楚参与流量群的好处，比如可以获得更多的剩余库存信息、优先购买权等。让大家明白通过参与流量群，他们能够享受到更多的权益和福利。

（3）**举办一个新群启动仪式**。让大家从之前成交群的角色顺利转换成流量群的角色。可以设置一些有趣的游戏或者抽奖活动，让大家参与进来，感受到流量群的不同。

同时，你也可以给他们一个新的身份，比如特设一些头衔和特权，让他们觉得自己成了一个"VIP粉丝"或"超级买家"，这样会增强他们的归属感。

通过以上三个被大多数人忽视的动作，我们就将最后一个简单的后期部署的步骤，变成了整个社群发售过程中不可或缺的全方位触达动作。利用这个关键时刻，我们能够将整场发售活动推向高潮，吸引更多潜在客户的关注，不仅为本次发售活动划上一个完美的句号，还为下一次发售活动打下坚实的基础。

重点回顾

这一章主要讲述了如何在私域社群发售中进行追售，包括追单策略、追售话术、极致交付和后期部署。用好这四个重要策略不但可以帮助你提高 30% 的发售业绩，还能为下一次发售积攒更多的势能。

第 7 章

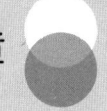

以存量带动增量，
轻松实现爆炸式 N 倍增长

随着越来越多的人亲身体验到社群发售的强大，人们也开始尝试各种新的发售模式。常见的有快闪群发售、求助式发售、连环发售、联合发售、循环发售等。不论你选择直播发售还是线下发售，都需要构建一个社群（圈子）并以社群发售为基础进行发售。

因此，掌握私域社群发售的逻辑和操作流程是至关重要的。如果你想让发售的效果立刻放大 10 ~ 100 倍，那就一定要使用裂变式发售。

2018 年，我自己做了一场社群发售活动，仅仅用了 48 个小时，就招募了 1655 位付费学员；2021 年我帮一个创富平台操盘了一场社群发售活动，用了 7 天的时间裂变了 14 900 多位付费学员。为什么能够在这么短的时间内筛选了这么多对活动感兴趣的人呢？其中最关键的就是运用了社群裂变式发售。

裂变式发售是一种病毒式传播

裂变式发售是一种独特而创新的营销策略，就像核裂变一样，可以产生链式反应。它利用病毒式传播效应，让营销信息快速而广泛地传播，从而实现营销目标。裂变式发售是依靠人与人之间的社交网络和口碑传播力量，利用群体行为来传播信息，让发售效果呈几何级增长。

裂变式发售为什么有这么大的威力呢？让我们一起来看看裂变式发售的四大优势。

（1）传播速度快。裂变式发售就像病毒一样，可以迅速传播你的发售信息，让它在短时间内触达更多的潜在客户。通过这种方式，你的影响力将会扩大，能吸引更多潜在客户前来关注你的产品或服务。

（2）提升参与度。裂变式发售可以激发潜在客户参与的兴趣和动力。我们可以设计一些有趣且具有分享性的互动环节，比如抽奖、邀请好友将获得奖励等。这将促使潜在客户更积极地参与，并将信息传递给他们的亲朋好友及粉丝，进而实现更广泛的传播效果。

（3）高效低成本。与传统广告宣传相比，裂变式发售以更低的成本实现更好的营销效果。它依靠种子用户自发的传播，不仅能节省广告费用，还可以节省大量时间和精力。

（4）提升影响力。通过裂变式发售，种子用户分享你的信息，让更多的人认识你的品牌或产品。当这些种子用户在社交媒体上分享你的发售信息时，他们实际上是在向更多的潜在客户推荐你的品牌，从而提高品牌的知名度和认可度。

裂变式发售的威力虽然巨大，但在实际操作中，有时效果显著，有时却不尽人意，这是为什么呢？除了前面章节提到的活动策划，还有四个关键因素：种子用户、裂变机制、裂变流程和社群运营。

你是否遇到过这样的场景：看到有人在群里发布裂变通知，例如帮助拉3人即可获得价值49元的资料，拉5人即可获得价值69元的水壶，或者拉10人即可获得价值129元的风扇等。然而，实际上，发出通知后很长一段时间都没有多少人回应，让人感到尴尬无比。

很多人以为只要提供丰厚的好处，别人就会愿意帮忙推广。还有人认为，那些付费的老客户就是种子用户。但实际情况并非如此，不是每个人都愿意帮你推广，即使他们已经为你付费，也未必是你的种子用户。这是否挑战了你的认知？让我们一起来探讨种子用户的真正含义。

种子用户

种子用户是那些愿意参与活动并传播信息的一小部分用户群体，他们愿意付费和花时间帮你传播。

种子用户的质量比数量更重要。为了帮助你更好地找到优质的种子用户，我总结了优质种子用户通常具备的四大特征，如图 7–1 所示。

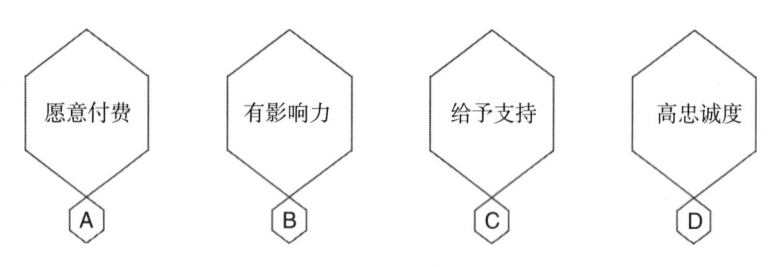

图 7–1 优质种子用户的四大特征

愿意付费

种子用户对你的产品或服务表现出极高的热情和兴趣。他们可能已经是你的客户或忠实粉丝，对你的品牌非常认同。愿意主动参与你的活动，他们热衷于为你付费、投入时间，并分享资源。

有影响力

种子用户在社交网络中具有一定的影响力。他们是人们信任和关注的对象，能够影响他们的朋友、家人和社群成员。他们愿意主动分享营销信息，并积极参与发售活动的宣传和推广。

给予支持

种子用户愿意给予你支持，无论是付费购买产品或服务，还是分享活动信息并邀请其他人参与。

高忠诚度

种子用户对你的品牌或产品具有高度的黏性和忠诚度，他们对你的产品或服务有深入的了解，并持续关注和支持你的发展。

通过以上介绍，你是否已经深刻理解了什么是种子用户以及明白选择种子用户对于裂变式发售活动成败的重要性？因此，在裂变式发售中，寻找并培养种子用户是极其重要的一环。

两种方式快速找到种子用户

明白了种子用户的特征后，面对数以万计的通讯录或社群粉丝，如何快速找到适合自己的种子用户呢？有两种方法可以帮到你，一是通过一对一私信邀请，二是通过发售的方式批量招募。

一对一私信邀请

（1）确定目标。最好选取那些已经购买过你的产品、享受过你的服务的老客户，他们对你的信任和忠诚度更高。你还可以找一些有影响力的 KOL、KOC 或合作伙伴，他们的号召力大，人脉广，能吸引更多人。

另外，可以考虑那些对你或你的品牌、产品感兴趣、积极参与的那些铁杆粉丝，他们非常喜欢你、认可你，并且愿意帮助你。最后，不要忘记自己的人脉资源，把这些名单列出来。

（2）**个性化策略**。认识人，了解人，你将无所不能！在邀请之前，你必须深入了解即将邀请的种子用户，了解他们的行业、兴趣爱好、与你曾经互动的内容和频率，还有他们目前正在关注的事情以及他们的需求。这些信息将帮助你制定个性化的沟通策略，让邀请更有效。

（3）**真诚互动**。给意向种子用户发温暖的问候消息，根据你了解的信息再次认可和赞美他们。让他们感受到你的关心和认可。

（4）**特别邀请**。告诉他们，你正在寻找一批特别出色的人，他们将成为你裂变活动的种子用户，包括业内知名的一些高手，然后向他们发出真诚的邀请，让他们也成为你的裂变活动的种子用户，让他们感受到尊重。

（5）**强调价值**。告知他们成为种子用户的好处和优势。比如，"成为我们的种子用户，你将有机会提前体验我们的新产品，享受独家福利，深入学习裂变发售技巧。你还能更深入地了解我们的品牌，并与其他行业大咖建立联系。这些特权和机会都将增加你的价值，让你成为活动中的重要人物。"

（6）**确认意愿**。询问对方是否有意愿成为我们的种子用户。比如，"如果你对成为我们的种子用户感兴趣，请回复这条消息并告诉我你的意愿。我会尽快向你提供更多的详细信息。"

（7）**跟进反馈**。根据潜在种子用户的回复，及时跟进并提供更多的信息和具体安排。在整个过程中，保持友好、耐心和专业的态度。

以上是一对一私信邀请种子用户的步骤。通过个性化、积极和真诚的邀请方式，你将筛选出更多符合条件的种子用户，并让他们成为裂变活动的忠实支持者。

批量招募

除了采用一对一私聊邀请之外，还可以尝试公开招募种子用户，这样可以更广泛地扩大受众范围，增加种子用户的多样性，提升品牌知名度，激发口碑传播效应，为你的裂变式发售活动带来更多的成功机会。具体如何来操作呢？

（1）**确定目标**。首先，你要确定你希望吸引哪些人成为你的种子用户，他们在哪些渠道出现，是视频号、微信群、公众号还是朋友圈？这些人应该是你的目标受众，他们对你的产品或服务感兴趣，并愿意提供真实有效的反馈，也愿意为你花钱、花时间、把资源给你。

（2）**策划招募流程**。在策划招募流程时，明确招募的目标数量、时间安排、招募方式和渠道选择等关键要素。制订一个明晰的招募计划，以确保招募流程既清晰又高效，并与目标群体的喜好和习惯相契合。

这样一来，你就可以有条不紊地进行招募，让整个过程更加有序。记住，精心策划招募流程也是裂变活动成功的关键。

（3）**撰写招募文案**。你需要准备一系列吸引人的招募文案，如社群文案、朋友圈文案、短视频文案、公众号文章等，让它们能清楚地传达你的目标和期望。在文案中，你需要塑造好价值，讲清楚成为种子用户能获得的好处，重要的是保持文案的连贯性，让潜在种子用户清楚地知道他们将如何从中受益，以及接下来该如何做。

（4）**选择渠道**。为了扩大招募范围，吸引更多的人参与，你需要选择合适的多元招募渠道，可以利用各种社交媒体平台、论坛、博客、直播或社群。根据目标群体的特点，选择与他们的兴趣和活跃度相关的渠道，并在这些平台上发布你的招募文案，做好铺垫，把感兴趣的人拉入提前策划好的微信群或直播间。

（5）**批量招募**。随着前面的流程推进，你已经找到了潜在的种子用户。但只有这一步够吗？当然不够！你需要将这些人聚集在一起，可以是直播间，也可以是微信群。你可以先用一个引人入胜的故事开头，告诉他们，你为什么要举办这次裂变活动，以及参与裂变活动的价值、奖励和具体玩法。然后，你再公布如何才能成为种子用户，有哪些条件，以便再次筛选出真正愿意参与裂变的人。

如果你的铁粉比较多，影响力够大，我建议你设置收费门槛。例如，可以收取 99 元押金，全程参与活动者结束后可全额返还，并额外获得五大福利。虽然看起来设立了门槛会减少参与人数，但筛选出来的人群会更加精准，从而实现更大规模的裂变效应。

记住，在批量招募过程中，最重要的是要让潜在种子用户知道参与裂变的好处和价值，这样才会有更多的人愿意参加。其实，种子用户的批量招募也是一场小型社群发售活动。

奖励机制的设计和优化

追求奖励是人类的天性，也是我们行动的重要驱动力。因此，在进行裂变活动时，必须设置奖励机制，以便更好地激发种子用户的参与意愿，并让他们感受到参与裂变活动带来的实际回报和价值。

五大核心奖励瞬间让裂变效果倍增

设置奖励机制是一门艺术。恰到好处的设置可以让效果倍增，但设置不当则毫无意义。这就是很多人明明设置了奖励机制，但却没有明显效果的原因之一。那么，我们该如何设置奖励机制才能激发大家全力以赴去行动呢？在设计时，你要记住以下五种核心奖励，如图7–2所示。

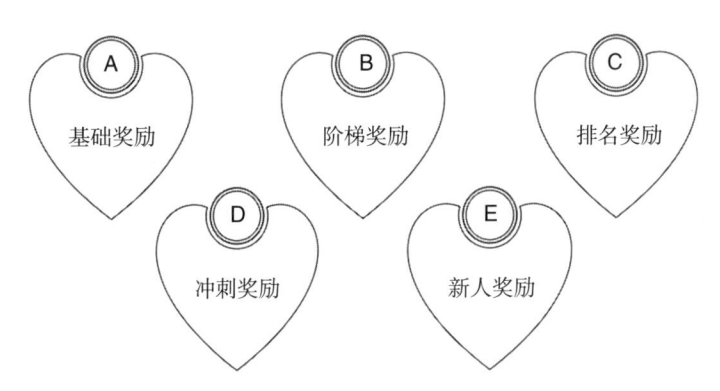

图 7–2 社群裂变必设的五大核心奖励

基础奖励

种子用户只要按要求行动，不论结果如何，都能获得一份奖励，也可以理解为参与奖。这样可以让参与者感到被认可和重视，增强他们的积极性和参与意愿。

阶梯奖励

根据推广人数的不同，设置不同阶段的推广目标，比如 5 人、10 人、20 人、50 人、100 人等，并为每个阶段设置相应的奖励。这样的好处是提供了目标和挑战，激励参与者不断努力推广，同时也培养了他们逐步获得更大回报的期待感。

排名奖励

为推广成绩前 3 名或前 10 名的人设定相应的奖励。这样的好处是激发竞争意识，让参与者争取更高的排名，从而提升他们的推广积极性，并获得更丰厚的奖励。

冲刺奖励

可以设置每天或最后 48 小时、24 小时内推广最多的人获得特别奖励。这样设置的好处是在关键时刻能够激发参与者的爆发力，保持活动的紧张氛围，同时也可以鼓励其他人加入冲刺，增加整体的裂变效果。

新人奖励

给种子用户裂变出来的粉丝即时奖励，这样做的好处有很多。首先，满足了新粉丝的互惠心理，让他们感受到特殊的待遇。其次，给新粉丝留下了良好的第一印象，增强了他们对品牌的好感和信任。最重要的是，为后续的发售工作奠定了良好的基础。

除了以上五种奖励机制外，你还可以根据自己的行业和实际情况设置合理的奖励机制，比方说，突破奖、进步奖、创新奖等，通过不同的奖励机制，可以激发种子用户的积极参与，让他们真正感受到参与裂变活动带来的回报和价值。同时，也能让更多的人愿意参与并积极推广，从而实现更大规模的裂变。

选择合适的奖品，事半功倍

在策划裂变活动时，选择恰当的奖品将帮你事半功倍。为确保奖品的有效性和吸引力，你可以从以下三个方面进行考虑。

首先，我们要给予参与者具有实际价值的名分，让他们感到荣耀和自豪。这样的名分可以是荣誉称号、证书或者特殊的头衔，能够彰显他们在活动中的重要地位和贡献。这样的奖励不仅能够激发参与者的积极性，还能够增强他们的自信心和归属感。

其次，我们要给予有吸引力的利益，让他们感受到奖励的价值。这些利益可以是实物奖品、现金红包、优惠券、折扣码等，能够满足参与者的实际需求。通过提供有价值的利益，能够吸引更多的参与者，并增加他们的动力和参与意愿。

最后，我们还可以将名分和利益结合起来，创造出更具诱惑力的奖品。这样的奖品既能够给予参与者实际的名分和荣誉感，又能够提供有吸引力的利益。例如，我们可以设计一些独特的奖项，如"最佳传播奖"或"最具影响力奖"等，同时搭配相应的实质性奖品，如限量版纪念品或高级会员权益。这样的奖品不仅能够吸引参与者的兴趣，还能够增加他们的竞争意识和参与热情。

总之，选择合适的奖品是裂变活动成功的关键之一，它能够让参与者感到荣耀和价值，进而推动活动的裂变效应。

那么，我们应该选择实物产品还是虚拟产品呢？答案并不是一成不变的，而是要根据活动的目标、受众群体以及预算来确定（如表7-1所示）。

表7-1　　　　　　　　实物产品与虚拟产品各优势分析

实物奖品	虚拟奖品
• 给予实际物质回报	• 灵活性和经济性
• 可触摸性和实用性激发兴趣	• 可即时发送，方便快捷
• 提升参与者的价值感和满意度	• 成本和物流成本较低
• 口碑传播和分享能够扩大影响力	• 适合大规模裂变活动
	• 可与数字化传播渠道结合

在选择裂变奖品时，可以参考以下四大标准。

目标和受众

为了让裂变活动更有吸引力，选择的奖品需要与活动目标以及受众群体相匹配。我们要深入了解受众的喜好、需求和兴趣，选取那些能够激发他们积极参与的奖品。

假如你要组织一次骑行活动，目标是吸引年轻人参与并增加品牌曝光度。你经过调查发现，年轻人对时尚、科技和旅行很感兴趣。那么，你可以选择一款热门的智能手表作为主奖品，或者选择一些骑行装备，这样就能够吸引他们积极参与，并且让他们对你的品牌保持高度关注。

预算和可行性

根据活动的规模和预算，选择合适的奖品。确保所选的奖品不仅在预算范围内，还能满足活动的需求。

假设你新开了一家餐饮店，你希望通过裂变活动吸引更多的顾客光顾并扩大知名度。在有限的预算下，你需要选择一种奖品来激励顾客参与并分享你的餐厅。

你可以设置这样一个裂变活动，顾客在消费时，如果邀请一位新顾客来餐厅用餐，两个人都可以免费获得一份小吃或甜点。这样的奖品既具有实际价值，也能够吸引顾客参与并分享这个裂变活动。

价值和相关性

需要考虑奖品与你的品牌和活动的相关性，选择的奖品应该与你的品牌的形象和价值观相符合，能够增强大家对你的品牌的认知和好感，也能够提升品牌的形象和专业。

例如，一家美容院开业，你可以设置一个裂变活动，设置裂变奖品为一次或多次价值1680元的专业美容护理，或者设置一款只送不卖的市场上最火的价值2000元的逆龄产品。这样的奖品与你的品牌的相关性很高，不仅可以提升你的品牌的知名度和好感度，还能进一步提升他们对你及你的品牌的信任和忠诚度。

效果和吸引力

在选择奖品时，你要考虑那些能够有效激发种子用户参与行动的奖品。你要选择具有一定稀缺性、独特性或高价值的奖品，以激发种子用户的强烈兴趣。

假设你是一位知识付费平台的创始人，你希望通过裂变活动吸引更多用户购买你的知识产品，并提升平台的知名度。那么，你可以根据种子用户的需求来设置奖品。

首先，你可以设置一些特殊的"名分"奖励，比如"某某活动联合举办方""某某活动推荐官""某某活动联合发起人"等。这样的名分奖励可以让种子用户获得"认证身份"，增强他们的参与意愿。

其次，你可以设置实物奖杯和证书作为奖品，种子用户可以得到物质奖励，展示他们的付出成果。

再次，你可以设定一些高价值的课程或咨询服务作为奖品，这样种子用户可以获得更具有实际价值的奖励，提升他们购买知识产品的动力。

最后，你还可以与其他行业联盟合作，设置一些特产或独家礼品作为奖品，可以增加奖品的独特性和稀缺性，吸引更多用户参与裂变活动。

总之，在选择奖品时，你要综合考虑实物奖品和虚拟奖品，并根据实际情况进行组合，重要的是确保所选奖品能够吸引参与者，并与活动目标和预算相匹配。

运营好裂变指挥群，效果瞬间翻倍

有一天，一位从事知识付费行业的学员问我，为什么他在做裂变发售的过程中，尽管使用了裂变策略，还设置了奖励机制，但裂变效果不理想。

我问他是如何引导这些种子用户进行裂变的？

他满脸沮丧地说："老师，我按照发售流程，把筛选出来的潜在种子用户拉进一个群，然后让他们自己去转发素材。刚开始大家都很积极，愿意在朋友圈和群里去分享，但是后来参与度就逐渐下降了，甚至有些种子用户干脆不再参与。我也一一发私信问他们原因，他们都说很忙，没有时间推广，真的不知道该怎么办了……"

通过和他详细交流，我发现他在活动策划、潜在种子用户筛选和奖励机制设置等方面都做得不错，但却忽略了"裂变指挥群"的运营。就是这么一个看似不起眼的环节没有做好，导致整个裂变活动受到了非常大的影响。

在裂变实操的过程中，我发现很多人都走进了一个误区，以为把种子用户筛选出来了，拉进一个微信群里，他们就会自动自发地去裂变传播。事实上，大多数人天生是需要被人领导，才能有所行动或持续去行动，所以想要裂变的效果好，裂变指挥部群就要重点运营。

裂变指挥群就像打仗时的"实战指挥中心"一样重要，目的是为了有效地组织、指挥和协调裂变活动，具体好处如下。

统一指挥

搭建指挥群能确保裂变活动各个岗位有条不紊地协作，推动裂变活动顺利进行。如果没有统一的指挥，每个人都自行其是，会导致裂变活动混乱，影响裂变的效果。

想象一下，你正在组织一场裂变活动，需要通过社交媒体、口碑传播等渠道来推广。但问题是，如果每个团队成员都各自作战，自行决定发布时间和内容，那肯定会导致混乱、错过裂变的最佳时机，甚至造成冲突。

这个时候，一个统一指挥的裂变指挥群就能派上用场。在这个群里，你们可以集中讨论和规划裂变活动的具体策略和行动。比如，确定好发布的时间和频率，协商好发布的内容和形式，相互提醒和支持。这样一来，每个人都清楚自己应该在什么时候、以什么方式行动，团队的力量将得到最大的发挥。

协同作战

搭建裂变指挥群，方便大家协同作战，在进行裂变活动时，团队成员之间的协作就像战争时各个部队的默契合作，你觉得重要吗？

假如你运营一家美妆品牌，希望通过裂变活动提升品牌知名度，增加护肤品的销量，团队成员就要分工合作，每个团队成员都有自己的任务和角色，有人负责撰写引人入胜的文案，有人设计精美的裂变海报，有人负责分享和传播，有人负责回复和互动等。这样每个人都能充分发挥自己的专长，通过团队成员协同作战，不仅能够增强团队实力和凝聚力，还能提高裂变活动的成功率。

分析与优化

搭建指挥群，还方便进行数据统计、分析和优化。它们能够帮助团队及时了解裂变活动的效果，并灵活调整策略，以获得更好的裂变效果。

假设你运营一家教育培训机构，计划举办一项裂变活动，希望通过学员的口碑传播和分享吸引更多潜在学员参加你的课程。在活动进行期间，通过分析各种数据，比如参与人数、裂变数量、报名人数等，你可以及时了解活动的效果。如果你观察到报名人数众多，而且粉丝们对你的活动评价也很好，那就说明你的课程可能会备受欢迎，发售时买单的就会更多。反之，如果你发现报名人数较少，粉丝们的反馈也比较差，那意味着你的课程内容或推广方案需要进行调整和改进。在这种情况下，你可以与团队成员共同分析收集到的反馈信息，找到问题所在，并寻找解决方案。

总之，建立裂变指挥群的目的是为了在裂变活动中实现统一指挥和协作，方便数据收集和优化。此外，还有一个重要的作用，就是满足种子用户的虚荣心，给予他们特殊的身份感，让他们感到被重视和尊重，从而激发他们更强烈的参与欲望，达到更好的裂变效果。

了解了裂变指挥群的作用后，你在举办裂变活动时，请一定要记得建立裂变指挥群。当然，光是建群还不够，关键在于如何有效地管理和运营指挥群，让大家全力以赴参与裂变。

启动疯狂裂变

这个阶段的裂变指挥群是帮助种子用户主动邀请他人参与裂变活动，简而言之，就是将种子用户邀请进指挥群后，教他们如何邀请自己的亲朋好友加入，并指导他们一步步操作，形成连锁反应，快速扩大用户数量。那具体该怎么做呢？

聚种子

把之前筛选好的种子用户都邀请进裂变指挥群，让他们在这里交流和互动。这个指挥群可以是一个聊天群组、社交平台或者专属应用等，让种子用户切实感受到你的重视和尊重。

做激励

为什么子种子用户愿意帮你裂变呢？一是利益驱动，二是情感驱动。所以，你需要把之前设置好的那些阶梯式的奖励机制，详细地告知种子用户，让他们感知到价值。甚至还要通过讲故事来刺激情感，激发他们的行动力。

例如，告诉他们成功邀请5人可获得什么奖励，成功邀请10人、20人、30人……每个阶段都有对应的奖励、特权和福利。你还可以在群里发一些红包，表达对他们的感谢之情。

指挥群启动的氛围能够预测裂变的结果，所以种子用户一进群，就要把氛围炒起来，立即让他们知道参与的好处和价值，点燃他们的激情，让他们心甘情愿地去裂变。

给方法

给种子用户讲解裂变的操作方法，告诉他们第一步该如何做，具体做什么，如何通过私信、朋友圈、社群或直播等方式传播裂变活动的好处和价值。简单来说，就是你要清楚地告诉种子用户每天需要做哪些具体动作才能邀请更多的人参加，比如：

- 如何生成个人的裂变二维码海报？

- 每天发几条朋友圈？
- 在什么时间段发最有效？
- 每个时间段的文案应该怎样写？
- 应该配什么样的图片？
- 私聊时该使用什么话术？
- 做视频时要写什么文案？
- 遇到问题时应该如何解决？
- 裂变出的新客户如何安置？

....

此外，还要提前准备好一份文档或资料包，回答在实际裂变中遇到的一些常见问题，让种子用户直接复制粘贴。如果他们在裂变的过程遇到一些特殊的问题，也要在第一时间指导他们解决。另外，对于裂变出来的用户，也要妥善安排。

组团 PK

在裂变过程中，你要想更好地激发和提升种子用户的参与度，以及提高裂变效果，一个绝佳的策略就是让种子用户进行组团 PK。这样做有以下几个好处。

激发潜力

通过组团 PK，可以激发种子用户的荣誉感和积极性，让他们的状态达到巅峰，更加主动地参与裂变活动。

提升归属感

组团 PK 会让种子用户更加默契地配合，发挥团队力量，轻松营造互帮互助的氛围。他们不再孤军奋战，而是与团队一起向前冲。这样做不仅可以提升他们的参与感，还能够培养他们强烈的归属感。

提升荣誉感

组团 PK 的目的是争夺最后的胜利，争取更大的荣耀。不同组别之间的 PK 将激发种子用户之间的友好竞争，让每个人都充满战胜对手的斗志和期望。每个人都想知道谁才是最后的冠军及冠军团队。这不仅增强了紧迫感、期待感和荣耀感，还能让整个裂变活动变得有目标、有节奏、有弹性。

提升曝光率

通过组团 PK，可以激发种子用户之间的激烈竞争，促使他们更积极地推送和分享活动信息。这样一来，活动的曝光率将得到大幅提升，可以吸引更多人的关注和参与活动，从而进一步增强传播效果。

但是在组团 PK 的操作过程中，有以下四点细节需要特别注意。

（1）合理分组。确保分组方式公平，避免出现不公平的情况。比如说，不能让资源多、能力强的人都集中在一起，为了公平起见，建议把资源能力较好的人员先挑选出来，用人工平均分配到战队，也能够让这些人去带动整个战队去战斗。其余的人推荐使用"分组宝"随机分组，以避免人为干预。

（2）PK 规则。制定清晰明确的 PK 规则，要事先确定好 PK 的时间、地点、方式和奖励等,确保公平竞争。

(3)奖励机制。制定有吸引力的阶梯式奖励机制,以提高种子用户的积极性和参与度,同时要保证奖励与种子用户的付出成正比。

(4)组内运营。分组后,鼓励组长带领小组内的种子用户积极分享经验,组长帮助组员解决他们遇到的实际问题,增强团队的凝聚力和归属感。只有小组成员紧密合作,共同努力,才能达到团队裂变的总目标。

如果你能做好以上细节,种子用户就会更加积极,团队会更有凝聚力,裂变的人数肯定会更多。

激励和跟进

种子用户进入指挥群后,通过分组 PK 策略,种子用户的情绪已经被点燃了,裂变的动力也越来越大了。但是如何确保他们在活动结束之前一直充满激情呢?这就需要我们每天都进行激励和跟进,那具体要怎么做呢?

发布任务

你要把裂变目标拆分,每一天都要有具体的任务。比如,如果你的裂变目标是 1000 人,在裂变为期 3 天的情况下,共有 5 个小组,那么每个小组每天平均要裂变 60 人,总共至少要完成 300 人的裂变任务,再把这 300 人的任务平均分配到每个小组和落实到个人。同时,你要提前一晚发布第二天的任务,让大家明确目标,提前做好第二天的规划,全力以赴地去执行。

总结复盘

每天都要抽出专门的时间，进行深入的反思和总结。当天的裂变数据要公布，让每个人都能清晰地看到自己努力的成果。同时，也要毫无保留地分享在执行过程中遇到的问题以及所采取的解决方案，让大家能够从中汲取经验，明确下一步的行动方向。

及时嘉奖

为了让裂变活动更具吸引力，你可以每天公布裂变的排行榜，及时表扬那些贡献较多的个人或小组。比如，你可以设立一个类似于"每日英雄排行榜"，为排名前 10 的小组和个人制作荣誉海报或喜报，再次在各个渠道上进行宣传，增加活动的声势。

同时，你还可以适当给予一些即时奖励，例如发红包或其他具有特殊意义的奖品。这样不仅能够激励其他参与者的积极性，还能让大家看到自己的努力得到了认可。这种及时奖励的机制能够激发大家更强烈的参与欲望，使他们更加愿意全力以赴地投入到裂变活动中去。

通过实施以上的激励和跟进措施，种子用户的激情就能持续到活动的最后，也能够促使更多的参与者加入进来，共同创造出一个更成功的裂变活动。

裂变仍有难度，怎么办

如果你已经按照我上面讲的方法筛选好了种子用户，设置好了奖励机制，也做好了指挥群的运营，如果觉得裂变依然有难度，那么你还得从以下四个因素进行分析。

诱饵设计

在裂变活动中，有一项极其重要的策略，那就是诱饵设计。那么，什么是诱饵设计呢？简单来说，它是用来吸引新用户参与活动的一种具有吸引力的内容、奖励或福利。

与种子用户的奖励机制不同，诱饵设计注重的是吸引新用户的眼球和兴趣。我们要遵循以下四个原则，让"诱饵"发挥最大的效力。

目标明确

首先，我们要明确通过裂变活动想要实现的目标。是增加用户数量，提高用户参与度，还是扩大品牌影响力？只有目标明确，我们才能有针对性地进行诱饵设计。

与目标相关

所设计的诱饵应与你的目标人群需求密切相关，这样才能激发新用户参与的兴趣和动力，并引发他们的共鸣。

独特价值

诱饵设计应具备独特性和独特的价值，让用户觉得参与裂变活动是一种特殊体验。只有这样，才能真正激发新用户的参与欲望，并愿意分享给自己的朋友。

易操作易传播

诱饵设计应具备可操作性，即新用户能够轻松理解并能够参与其中。同时，还要考虑到诱饵的易传播性，让用户愿意并方便地再次分享到他们的社交圈子。

我的一位做知识付费的学员参考以上诱饵设计的四大原则，策划了一场裂变活动，仅用三天时间就吸引了1000多位新用户参与。

他的诱饵设计虽然看上去比较简单，但很值得我们借鉴。他设计的诱饵是：只需支付1元，就能获得价值198元的大礼包。这个大礼包包括一本价值99元的实体书和6节价值99元的线上课程，再加一次价值999元的一对一咨询。

这样的诱饵设计有以下三大好处。

（1）**超值体验**。对于新用户来说，这本实体书的价值远远超过了支付的1元。这种互惠心理让用户感觉到，他们获得的回报远远超过了他们的付出。他们都知道，一本实体书的成本至少是10元以上，再加上快递费用，即使没有体验课程，这也是超值的，更何况还有一次一对一咨询。

（2）**建立信任**。新用户只需花费1元就能获得20～200倍以上的价值，这无形中让用户对品牌和平台产生了更多的好感和信任。通过学习课程，他们能够感受到内容的价值，进一步增加了他们对平台的信任。这种叠加效应为后续的社群发售埋下了良好的种子。

（3）**易于传播**。这样的诱饵设计非常容易传播。在用户心中，他们感受到这是一场非常有价值的活动，他们愿意将这个好处分享给亲朋好友。而朋友们也会被这个诱人的福利所吸引，进而参与裂变活动，从而形成二次甚至多次传播。

虽然这样的诱饵设计在表面上看起来会有亏损，但实际上，只要你的后端产品能够为用户解决问题，你的转化能力足够强，最终绝对是稳赚不赔的。

裂变流程

裂变流程是指种子用户通过分享、邀请或推荐等方式，将裂变活动信息传播给其他人，并促使其参与的一系列步骤和环节。如果裂变人数达不到目标，就要检查裂变流程在设置时是否遵循了以下原则。

简单易懂

裂变流程应该简单易懂，让每个识字的人都能轻松理解，最好添加一些流程指示图，让用户能够迅速理解并积极参与其中。

易于执行

裂变流程应该简单易操作，不给参与者带来过多的麻烦或困扰。每个步骤都应该清晰明了，能够一步完成的绝不让用户走两步。

有趣好玩

裂变流程应该游戏化，才能够吸引参与者的兴趣，激发他们主动参与和分享的欲望。每个环节都应该具备一定的趣味性，类似升级打怪，让参与者感到有价值和有意义。

例如，卖了 24 年酱酒的金总在参加我们的训练营学习，他需要列出自己的精准客户当下急需解决的 50～100 个问题/痛点、30～50 个梦想、30～50 个抗拒点。认真填写完后，他会比客户自己还了解他们。大多数人往往不清楚自己真正的困扰和渴望，然而你却能凭借他们的痛点、梦想和抗拒点精准撰写文案，为他们量身定制产品或服务，让他们感受到你对他们的了解超越了自我，从而让产品实现不销而销。

做了一场裂变活动后，他从老客户中筛选了一批种子用户，并开展了一项名为"进群免费云喝酒"的裂变活动。他采用了以下流程，仅用了两天时间就成功裂变了 700 多位新客户。他的裂变流程是这样设计的。

- 识别裂变海报上的二维码，点击"推荐好友"按钮分享到朋友圈或社群。
- 选择合适的方式转发到朋友圈和社群。
- 好友扫描二维码加入客户群领取福利。
- 小程序会根据邀请人数进行排名，并给予邀请人数最多者特别奖励。

用户只需简单的两步操作，就能进入群内免费"云喝酒"。排名和特别奖励的设计更激发了种子用户的竞争心理和分享欲望，形成了多次裂变。

你在以后的裂变流程的设计中，也要注重用户体验，让他们感到轻松愉快，同时获得实实在在的价值回报。

缺乏教练

尽管你设计的诱饵极具吸引力，裂变流程也相当顺畅，但有可能仍然会遇到以下问题。

流程不明

没有人向种子用户详细解说和演示如何参与裂变活动，导致他们对任务要求和流程一无所知，无法正确理解和执行裂变。

动力缺失

参与裂变的种子用户数量过少，而且还没有及时提供激励、更新任务或解决问题，导致他们失去动力，无法持续进行裂变。

裂变受阻

参与者误解操作要求，分享链接的方式错误或使用了不当的宣传方式，导致裂变活动受阻或产生负面影响。

技术障碍

在进行裂变活动时，遇到技术方面的困扰，如链接失效或二维码故障等，这些问题阻碍了参与者的行动，有可能导致裂变停止。

造成以上问题的原因，就是缺乏一个实操教练（操盘手）。为什么这么说呢？因为教练在裂变活动中扮演着至关重要的角色。

首先，教练会通过文字、图片及视频等方式，指导种子用户一步一步去裂变，确保任务清晰和流程明了。

其次，教练会关注参与者的需求和动机，及时给予激励，例如抽奖或发放特殊福利等，以提升他们的参与积极性。同时，定期更新任务，提供有趣且具有挑战性的活动，激发参与者的兴趣，使他们持续参与。

最后，教练还会帮助种子用户解决实操中遇到的问题，解答参与者的疑问，并提供积极的反馈和指导。

对于技术问题，教练会对使用的链接和二维码做充分的技术测试和准备，及时处理参与者遇到的技术难题，保证活动正常进行。

总之，一个优秀的教练能够在裂变活动中发挥重要作用，他们能够帮助你预防问题、发现问题、解决问题，并指导和督导种子用户行动，确保发售活动顺利进行。

裂变工具

工欲善其事，必先利其器，要想在裂变发售活动中取得良好的效果，除了上面讲到的各种关键因素，还必须选择一款合适的裂变工具。原因有以下几个。

自动化流程

裂变工具能够自动执行裂变流程，减少人工干预和错误，提高裂变效率。通过工具，你可以设置任务规则、追踪参与者的进展、记录数据等，从而更好地管理整个裂变过程。这样一来，你才能既快速又准确地推广活动，并吸引更多的参与者和新用户。

数据分析和优化

裂变工具通常都会提供数据分析功能，可以实时监控裂变活动，如参与率、转化率、传播范围等。通过分析这些数据，你可以了解活动的实际效果，并根据数据进行调整和优化。例如，如果发现某个任务设计得不够吸引人，你可以及时修改任务要求或奖励机制，以提升参与度和传播速度。

体验和互动性

裂变工具通常具备友好的用户界面和便捷的操作方式，能够提升用户参与和互动的体验。这些工具通常包含社交分享功能、消息通知、个性化页面等，让参与者更容易理解任务要求、分享活动内容，方便与其他参与者进行互动。这样一来，用户就更愿意积极参与裂变活动，从而进一步提高裂变效果。

现在市面上有许多裂变工具可供选择，比如小裂变、小鹅通、哇咖咖、有赞、快团团和企业微信等裂变工具。那么，如何选择适合自己的裂变工具呢？你可以从以下四个方面进行考虑。

首先是功能需求。不同的裂变工具有不同的功能和特点。你需要明确自己的需求，确定希望工具提供哪些功能，比如是否需要数据分析、任务设置、用户管理等。

其次是用户体验。选择一个界面友好、操作便捷的工具能够提升用户的体验感，提高他们的参与度。你可以先自己体验一下这些工具，看看它们的界面设计和使用体验是否符合你的预望。

最后是成本和可扩展性。除了考虑工具的价格是否符合你的预算，还要关注工具的可扩展性，看能否满足裂变活动规模的扩大和其他需求的增加。

总之，只有根据你的实际需求选择合适的裂变工具，才能确保裂变发售活动顺利进行。

---重点回顾---

这一章主要讲如何通过私域社群裂变来提高发售业绩。其中，种子用户是决定裂变式发售成败的第一关键，奖励机制的设计和选择也是裂变必杀技之一。此外，运营好裂变指挥群、设计好裂变流程、选择一个好的教练和工具也能让裂变效果翻倍。

第 8 章

发售实战案例

社群发售变现，你也学得会

2021年是视频号直播兴起的一年，全球华人AI赚富系统总教练秦刚老师眼光敏锐，抓住了这个机会。在很多人还不清楚如何开播的时候，秦刚老师就开始每天直播，连续100天，每天都不间断地直播2个小时。在当时，真的很难找到第二个能如此持之以恒的人。

为了庆祝这一历史性的100日直播盛典，我们共同策划了"秦刚直播100天盛典"活动。通过为期7天的时间，我们成功裂变了14 974位付费用户。整个发售过程，从活动策划到运营再到实际发售，都是经过精心设计的。这对于各行各业进行发售都具有极大的借鉴意义和价值。

这次发售之所以成功，除了秦刚老师自身的影响力外，还得益于社群发售的策划、逻辑和流程。我们结合了裂变式发售、直播发售以及分销裂变的运营精髓。关于整个活动的运营，我将从以下五个方面为你详细拆解：

- 强大团队的搭建；
- 裂变爆品的设计；
- 联合发起人的招募；
- 阶梯奖励的设置；
- 社群精细化运营。

裂变团队如何搭建

在裂变活动中，涉及的人和事都比较多，不管你本身有没有团队，都需要搭建临时裂变团队。在搭建团队之前，你需要先了解这个团队由哪些岗位组成，每个岗位的职责是什么？

本次活动我们不仅搭建了裂变团队，还成立了多个小组协同作战，每个小组都设定了负责人，做到事事有回应，件件有着落。以下是组委会的架构和各个小组的职责，供你参考。

策划组

策划组负责整体活动的规划和策划，确定活动的目标、主题、时间、内容等。他们还负责安排活动的整体流程和制订执行计划，确保活动能够吸引参与者的兴趣，达到预期的效果。

运营组

运营组负责具体活动执行，负责种子用户的组织、活动的推广、执行和监督，需要制定详细的执行方案与策略，并与其他团队协调合作，同时要对活动的效果进行监测和评估，及时调整裂变方案，保证活动顺利进行。

文案组

文案组负责撰写与活动相关的文字内容，包括活动介绍、公众号文章、其他媒体文案、朋友圈文案、社群文案、直播间话术、推广语等。他们需要根据活动的主题和目标，撰写吸引人的文案，能够清晰、准确地传达活动的信息，吸引更多新用户参与。

设计组

设计组负责活动的视觉设计工作，包括各种海报设计、活动页面设计、宣传物料设计等。他们需要根据活动的主题和要求，运用设计技巧和美学原则，设计出符合活动风格和形象的视觉元素，以提高活动的吸引力。

礼品组

礼品组负责活动的奖品、礼品的选择和采购工作。他们需要根据活动的目标和预算，筛选性价比最高的礼品，并确保礼品的质量和适用性，提高参与者的积极性和满意度。

后援团

后援团负责协调活动的后勤工作，包括直播间的互动、录屏、倒计时、人员调配等。他们要能够及时提供必要的支持和帮助，预防和解决可能出现的问题和突发情况。

嘉宾团

嘉宾团负责邀请和对接嘉宾或演讲者。他们需要与嘉宾进行沟通和邀请,并协助安排嘉宾的日程和行程,确保他们能够按时参加活动,并提供必要的接待和支持。

连麦组

连麦组负责连麦人员的培训和彩排,实时在线连麦,包括与参与者进行互动、解答问题等。他们需要具备良好的沟通能力和专业知识,能够与参与者积极互动,解答他们的问题,让参与者感受到价值。

当然,你也可以根据实际情况增加或删减岗位,但每个小组都需要有明确的负责人,各司其责,共同努力,确保裂变活动顺利进行。

如果你的活动规模比较小,团队没有那么多人,那你也可以像我们一样搭建临时团队。实在找不到这么多人的话,也可以一人多岗。关键是你要清楚每个岗位的职责。

如何设计出令人尖叫的裂变爆品

组织裂变活动不是说参与的人越多越好,而是要找到对内容或产品感兴趣、有需求的精准目标客户。只有这样,我们后面的发售成功率才会更高。

为了筛选更多精准的客户,我们最终打造了一个超级裂变爆品,只需要 1 元门槛费就可以参与这次盛典活动。这样做的目的是吸引那些有意向的客户，同时给他们带来 10 倍甚至 100 倍的价值回报，这也是本次活动成功的重要原因之一。

裂变爆品设计的原则

到底怎样才能打造出超级裂变爆品呢？其实很简单，遵循以下原则即可。

独特性

裂变爆品必须有独特的设计或体验，与市面上其他的产品不一样，有着明显的差异。让目标客户一眼就能看出不同，才更容易吸引目标客户。

高价值

裂变爆品要提供超出顾客期望的价值回报，可以是以低价购买高价值的产品，或者是提供一系列特别优惠和福利。

易操作

产品的购买流程要简单易完成，避免复杂烦琐的操作，让目标客户能够轻松参与。

易传播

裂变爆品要具备易分享和传播的特点，让参与者能够简单方便地进行分享。可以设置奖励机制，鼓励参与者分享给更多人。

体验好

体验感也是决定用户是否愿意继续参与的重要因素之一,要让用户在操作时感到轻松愉悦,避免疲劳和抵触情绪。

裂变爆品五大权益

根据以上原则,我们也设计了一个超级火爆的产品"视频号直播100天全球盛典",只需要支付门票1元,就能轻松获得以下五大权益。

秦刚老师100天干货直播回放

由秦刚老师亲自主讲的直播回放,内容涵盖了各种干货知识,包括行业发展趋势、市场分析、销售技巧等。

直播干货思维导图100份

这些导图将内容可视化,客户更容易理解和运用其中的知识,从而更好地应用于实践中。

110位行业大咖赚钱经验分享

邀请了110位在各个行业中取得成功的大咖,分享他们的赚钱经验和成功之道。客户通过听取他们的故事和经验,可以获得灵感和指导。

价值100万元的礼品奖励

奖品包括华为手机、燕窝、钻石等高价值商品。这些奖品在直播当天以抽奖的方式在直播间免费送出。

价值 3000 元社群裂变实操机会 1 次

可参与一次社群裂变实操机会，通过近距离的参与社群裂变活动，参与者可以学习并实践裂变的技巧和策略，以便用于自己的实战活动中。

如何多维设置奖励机制

在任何一次成功的裂变活动中，奖励机制和裂变奖品是驱使大家行动的必不可少的魔法棒。这一次的裂变活动，组委会也是经过多次讨论，精心设置了阶梯奖励机制和裂变奖品，供你参考。

团队奖励和个人奖励

很多人在做裂变式发售的过程中，明明也精心设置了奖励机制和奖品，但是裂变的效果却还是不理想，不知道你是否有过类似的经历和感受呢？

其实在裂变的过程中，仅仅设置好个人奖励机制是远远不够的，还要设置团队 PK 和团队奖励。个人奖励可以激发成员之间的竞争意识和积极性，促使他们更主动地为团队贡献个人力量；团队奖励可以增强团队凝聚力和协作能力，让团队成员一起努力实现共同的目标；两者结合，不但可以激励团队成员发挥个人的优势，还能鼓励团队成员全力以赴协同合作，冲刺团队总冠军。

冠军团队奖励设置

我们根据实际资源、预算和市场分析，经过多次讨论，为冠军团队设置了以下奖励，让大家更有动力去争夺冠军：

- 获得现金奖励 8888 元；
- 颁发冠军团队荣誉证书；
- 公众号宣传，冠军团队风采展示；
- 视频号赋能，冠军团队直播采访。

个人冠军奖励设置

个人冠军奖励也是根据现场实况和联合发起人的需求，经过组委会多次讨论制定的。最终我们为个人冠军设置了以下奖励，激励大家全力以赴参与裂变活动：

- 获得现金奖励 4888 元（裂变 500 人以上）；
- 颁发个人冠军荣誉证书；
- 获得价值 10 000 元的与秦刚老师连麦赋能一次的机会；
- 视频号传播，个人冠军直播采访。

在设置奖励的过程中，秉着要做就做"第一"的冠军理念，我们只设置了冠军奖励，这样更能够激励大家相互竞争，制造出紧张而兴奋的 PK 氛围。

当然，除了以上的冠军奖励，你也可以根据自身的资源和预算设计更多的奖励名额，目的就是要激发大家的参与热情和积极性。

如何招募联合发起人

为了更好地激发"种子用户"的积极性,让他们有一种特殊的地位和认同感,授予参与 PK 的种子用户为"联合发起人"的身份,可以使他们更有动力积极地参与裂变活动并成为推广者。

联合发起人权益设置

我们也设置了成为"联合发起人"获得的五大权益。

- 获得组委会颁发的官方聘书;
- 深度体验社群裂变发售的操盘秘籍;
- 免费获得价值 999 元的 12 讲"微信直播秘笈"课程及专属服务群;
- 冠军团队获得 8888 元现金大奖,个人冠军获得 4888 元现金大奖;
- 秦刚老师价值 10 000 元的连麦机会一次。

表 8–1　　　　　　　　联合发起人权益及门槛设置

联合发起人五大权益	联合发起人门槛	PK 金退还条件
1. 获得组委会颁发的官方聘书	1. 每人交 PK 金 200 元	1. 裂变支付 1 元好友预约满 50 人
2. 深度体验社群裂变发售的操盘秘籍	2. 想实操、有执行力、愿意挑战	2. 自己购买本次微信直播秘籍课程
3. 免费获得价值 999 元的 12 节微信直播秘籍课程及专属服务群	3. 仅招募 200 名,先到先得	3. 裂变预约好友任 1 人购买课程

续前表

联合发起人五大权益	联合发起人门槛	PK 金退还条件
4.冠军团队获得 8888 元现金大奖，个人冠军获得 4888 元现金大奖		
5.秦刚老师价值 10 000 元连麦机会一次		

联合发起人门槛设置

"钱在哪里，心在哪里"，很多人在筛选种子用户时，要么没有设定门槛，要么门槛太低，只是要求回复简单的指令。这样做看似能吸引更多的人参与，但实际效果并不一定更好。为什么呢？因为付出的成本越低，客户对活动的重视程度就会相应降低，参与的积极性也会减弱。

我们在招募联合发起人时，为了过滤掉一些只想围观而不愿意认真裂变的人，也设置了 200 元的门槛：

- 每人交 PK 金 200 元；
- 想实操，有执行力，愿意挑战；
- 仅招募前 200 名，先到先得。

为了更好地激发大家的潜能，我们还设置了 PK 金返还政策，这是为了鼓励参与者积极投入。

PK 金返还条件如下，满足任意一个条件即可：

- 裂变支付 1 元好友预约满 50 人；

- 自己购买本次微信直播秘笈课程；
- 裂变的预约好友任1人购买了课程。

通过设定合适的门槛，有助于达到以下目的。

（1）**筛选精准用户**。付出一定成本的门槛能够吸引那些真正对活动感兴趣的人参与，他们愿意经历一些挑战和付出一定的时间、精力或资源来参与活动，获得荣誉。

（2）**降低违约成本**。通过设定门槛，参与者会更加重视活动，因为他们已经为此付出了一定的成本。这就意味着，如果他们轻易放弃活动，将失去前面所付出的成本。

（3）**优化效果和质量**。由于参与者经过严格筛选并付出了一定成本，他们更有可能成为忠实的联合发起人。他们会更好地理解和体验产品或服务，并能够更准确、更有效地传播活动信息，从而提高活动的效果和质量。

（4）**增加活动价值**。设定适当的门槛，可以为活动增加一定的经济或时间价值。参与者会感受到他们对活动的投入有所回报，从而进一步激发他们的积极性和推广意愿。

温馨提醒：门槛费用的设置应该合理，并与产品本身的价值相匹配。过高的门槛费用可能会使用户产生抵触情绪，而过低的门槛费用可能无法筛选到真正有兴趣、有能力和积极参与的用户。因此，在设置门槛费用时需要进行合理的市场调研和价值评估。

招募联合发起人

根据当时的实际情况,我们发现从赚富会会员中招募联合发起人的优势最大,这些会员已经付费并高度认可秦刚老师,他们也非常渴望有一次实战演练的机会。

首先,我们通过公众号、朋友圈、直播和私信通知所有会员,我们即将开启一场裂变活动。在此之前,我们必须塑造本次活动和联合发起人的价值,才能吸引更多对活动感兴趣的人加入"联合发起人启动群"。

其次,在"联合发起人启动群"里有条不紊地展开"联合发起人启动大会",详细介绍成为联合发起人的权益、奖品、PK 机制及加入门槛,让大家充分了解参与本次裂变活动的价值和意义。

我们通过启动大会,激发大家参与的热情,限时限量正式招募,不到 24 小时,就轻松招募了 296 位联合发起人,比原计划的 200 人多招募了 96 人,超额完成了种子用户的招募。

你只需要按照以上的步骤,把控好每一个细节,就能轻松招募到理想的种子用户。

需要提醒的是,你需要提前评估意向种子用户的质量、数量以及转化率。比如,如果你想招募 100 名种子用户,你需要根据你的转化率设定种子用户的质量。按照 50% 的转化率来计算,在筛选意向种子用户进群时,你至少需要有 200 ~ 220 人。

精细化运营好社群矩阵，业绩自然翻倍

拥有种子用户，不等于调动种子用户；拥有裂变奖励机制，不代表能发挥价值。顺利招募到种子用户只是裂变的开始，重点是如何指导和带动这些种子用户全力以赴去裂变，让裂变进来的新用户信任和买单。

这次裂变活动的成功不仅源于我们精心设计的爆破品和奖励机制，还得益于秦刚老师本身巨大的影响力。此外，还有一个非常重要的因素，那就是我们对"裂变指挥群""联合发起人实战群"和"百日盛典活动群"的精细化运营管理。接下来，我将逐个为你详细解析我们是如何操作的，以便你更好地理解和应用。

裂变指挥群运营

如果把裂变活动比作一场战争，那么裂变指挥群就是作战时的指挥中心，其重要性不言而喻。这个群由各个小组负责人和部门负责人组成，旨在协调和指挥小组的裂变活动。在这个群里，我们需要进行哪些运营动作呢？

实时沟通

指挥中心提供了一个实时的沟通平台，让组长们随时交流各个小组在实际操作中遇到的问题和裂变进度。通过信息的及时传递与沟通，我们能够更好地解决问题和及时调整策略。

协作决策

在指挥中心群里，领导们可以共同讨论和决策重要事项，如策略调

整和奖励设置，根据各组实际裂变的进展和遇到的问题做出决策。通过团队的协作决策，确保整个裂变活动的顺利进行。

数据汇总

组长们可以在指挥中心群里共享和汇总各小组的数据和成果，进行统计分析。通过了解整体进展和效果，我们可以更好地调整策略和提升裂变活动的效果。

互相激励

在指挥中心群里，组长们可以相互支持和鼓励，分享经验和成功案例，激发彼此的积极性和创造力，从而更好地激发团队的战斗力。

指挥中心群的设立能够大大提高团队的协同效率和执行力，使各个小组更紧密地联系在一起，共同实现裂变活动的成功。

因此，当你在进行裂变式发售活动时，一定要记得组建一个"指挥中心群"，与更多有能力有担当有执行力的"领导"一起，全力以赴地推动裂变活动，带领其他种子用户共同努力完成裂变目标。

联合发起人实战群运营

除了裂变指挥中心群的运营外，还有一个同等重要的群要精细化运营，那就是种子用户群，我们称之为"联合发起人实战群"。这个群由支付了 PK 金的联合发起人组建而成，他们要学会如何执行裂变活动。

我们要明确联合发起人实战群的目标。联合发起人在活动中扮演着重要的角色。他们是裂变活动的主要传播者，他们的积极参与能够激发更多意向用户参与进来。因此，在实战群内，我们需要采取以下的运营动作。

流程讲解

在联合发起人实战群中详细讲解裂变活动的整体流程，包括如何注册、如何生成自己的专属二维码、如何发朋友圈、如何分享到社群、如何私聊，等等。通过具体操作步骤示范和图文视频，可以让联合发起人更直观地理解裂变活动的整体操作流程，以便快速上手。

素材提供

我们每天都会给联合发起人准备一系列丰富的推广素材，包括文章、文案、图片和视频等。我们确保这些素材与裂变活动的主题相吻合，不仅要有吸引力，还要方便联合发起人使用和传播。这样，他们就能够轻松地裂变出更多的人。

目标制定

首先，要根据联合发起人的实际情况和能力，制定明确的裂变目标。我们要考虑他们的日常工作、社交圈子和时间限制等因素，确保目标具有可行性和可实现性。

其次，我们要将总体目标分解成每天的具体行动目标。比如，我们可以规定每天在朋友圈发布 3~5 条内容，私信给 30~50 人。把目标分解到早、中、晚多个时间段，每个时间段只需完成 10 人的裂变任务。

通过这种制定目标和分解目标的方式，能够让联合发起人感到目标触手可及，他们会更有动力去完成每个时间段的裂变任务，进而提高裂变效果。

复盘总结

设定好明确的目标,如果每天没有及时跟进和反馈,它也无法完成。为了确保每天的目标能够按时完成,我们每晚9点会准时组织总结复盘会议。这个会议的目的是让每个小组的负责人汇报他们小组一天的裂变数据,以便大家进行对比和分析,并了解自己的成绩和总结经验。

与此同时,我们还安排了那些取得优异成果的联合发起人来分享他们的裂变经验。他们会分享自己在推广过程中遇到的挑战和解决方法。通过这样的经验分享,大家可以相互学习,借鉴成功的策略,从而提高整体的推广效果。

即时奖励

为了激发其他联合发起人的潜能和执行力,我们将每天的裂变数据汇总,并制作成排行榜和喜报。对于排名前三的小组和个人,会在每晚会议上及时给予奖励和认可。这些奖励可以是实物奖品、奖金或者特殊的荣誉称号,以表彰他们在裂变活动中的出色表现。

通过这种实时奖励的方式,我们既能够激励联合发起人积极推广裂变活动,又能够给予他们及时的反馈和认可,还能够营造竞争氛围,促进更多联合发起人全力以赴地去裂变。

答疑解惑

在裂变的实战过程中,难免会遇到一些问题,所以答疑解惑也是一个非常重要的环节。我们为此安排了专门的答疑渠道和有经验的答疑专员,以帮助联合发起人及时解决在裂变过程中遇到的问题,并提供个性化的解答和支持。

通过以上六大运营策略,我们更好地帮助联合发起人了解了裂变活动的操作流程,并提供了他们需要的支持和素材。同时,我们也带着他们设定了明确的目标,并为他们提供奖励和答疑解惑服务。这些策略大幅提高了联合发起人的积极性,最终成功裂变了 14 974 人。

值得骄傲的是,冠军小组共裂变了 2035 人,平均每个人裂变了 169 人。个人冠军成功裂变了 821 人。我作为本次活动的首席运营官,在指导联合发起人裂变的同时,自己也裂变了 655 人。

百日盛典活动群运营

除了精细化运营裂变指挥群和联合发起人实战群外,活动群的精细化运营对于提高用户参与度、增强用户黏性、提升发售转化率也是非常关键的。以下这些实战经验都是值得你借鉴的。

精准组群

为了更好地服务联合发起人裂变出的新用户,我们采取了以小组为单位的建群策略。我们将每个小组共同裂变出的新用户邀请到同一个活动群,并由联合发起人共同负责运营和管理该群。这样,每个新用户加入群聊时都会看到熟悉的面孔,有助于迅速消除陌生感,方便信息传达和日常管理。

通过精准组群,我们实现了与联合发起人和其他新用户之间更紧密的联系。在共同的群聊中，大家可以更轻松地交流和分享，这种熟悉和轻松的氛围让新用户感到更加舒适和亲切，有助于他们更快地融入活动，并愿意积极参与。

在活动群中，联合发起人扮演着重要的角色。他们不仅能够及时回答新用户的问题和疑虑，还可以分享经验和技巧，给予指导和支持。同时，联合发起人也可以利用活动群的便利性，有效地传递重要信息和管理日常事务。

价值前置

当新用户进入微信群后，我们给每个人开通了秦刚老师 100 天的干货直播专栏，让他们能够通过听取干货分享来获取实际价值，并在初期建立起信任感。

秦刚老师的直播专栏是经过精心策划的，其中包含了许多实用的技巧、经验分享和行业洞察。新用户通过倾听这些干货，不仅能够提升自己的商业认知，建立信任，对"525 百日盛典活动"也更加了解并充满期待。

价值塑造

距离"525 百日盛典活动"的前五天，我们邀请了新用户入群，并采取有序、有计划的方式在群内逐渐"披露"一些关于盛典活动的信息和内容，逐步揭秘盛典的亮点和看点、嘉宾名单、分享主题以及丰厚的百万奖品清单等，让新用户深入了解盛典活动的精彩之处。

这些信息的"披露"是有目的的，是想引发新用户的好奇心，激发他们的参与欲望，并持续吸引他们的注意力，确保他们不会错过任何重要的盛典信息。

全面触达

在"525百日盛典活动"的当天，我们采用了全面触达的方法，让更多的人见证盛典活动的精彩瞬间。除了将直播间内容同步到朋友圈，我作为转播指挥官，还负责将秦刚老师直播间的每一个亮点整理传达到裂变指挥群，随后由各个社群的负责人将这些内容传播到他们的社群中。这样无法实时观看直播的新用户，也可以通过碎片时间在社群里了解直播的重点，也能获得相应的价值。

同时，为了让更多的新用户参与活动并确保他们能够真正受益，我们要求联合发起人事先做好标签备注。在活动当天，他们可以快速且准确地给裂变的新用户传递这些重要信息，吸引更多的人来观看直播。

通过对裂变指挥群、联合发起人实战群和百日盛典活动直播群的精细化运营，我们极大地提高了用户的参与度，为当天在直播间发售的新品"微信直播变现秘笈"打下了基础，最终成交了800多单，加上秦刚老师的影响力和团队的交付能力，以及后期升级的产品，保守计算，总计变现金额达到了300多万元。

我作为本次裂变活动的社群首席运营官，亲自指挥了这次惊爆的直播+社群裂变发售活动，全程参与，收获满满。至此，秦刚老师百日盛典活动直播取得了圆满成功。

为了方便你更好地理解和应用，我把本次活动的裂变流程整理成了导图，如图8-1所示，希望可以帮到你。

第 8 章 发售实战案例

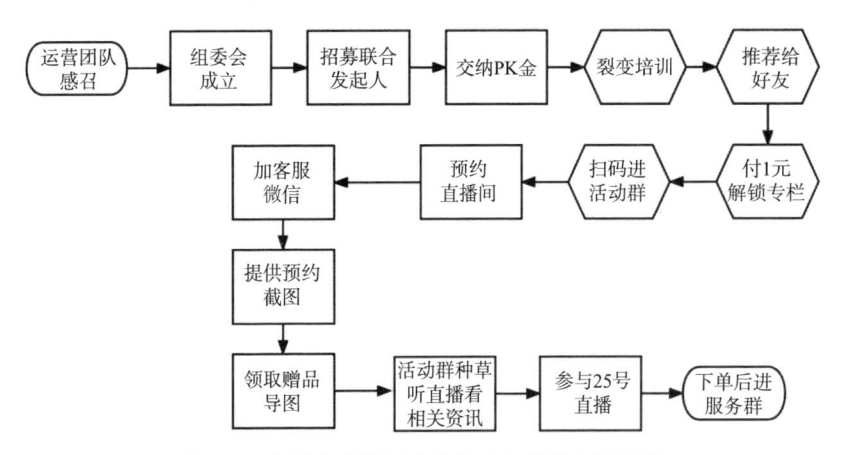

图 8-1 秦刚老师百日盛典活动直播裂变流程图

重点回顾

本章主要拆解了七天轻松裂变 14 974 位付费用户裂变发售流程要点，包括强大团队的搭建、裂变爆品的设计、多维奖励机制的设置、联合发起人的招募及三大社群矩阵的运营，这些实战经验都是即看即用，一用就见效的实战经验。

后　记

　　创作一本书就如同孕育一个新的生命，它需要时间、耐心和无私的爱。跨过三个年头，新书的诞生就如同婴儿的出生，充满了生命的奇迹和希望。我的战友们亲切地称它为"新兄弟"，他们的幽默和热情让我心生欢喜。这段经历不仅仅是创作的旅程，更是心灵的成长和团队精神的体现。

　　这本书汇集了我在私域社群发售变现领域七年的实践经验及精华。无论你是个体创业者、创始人、团队长、实体店老板，还是中小微企业主，只要你有一定的基础粉丝，你都可以依照书中所述的PHHSF发售模型，逐步将你的粉丝和产品转化为财富。

　　我曾经在企业担任生产管理岗位长达九年，亲眼目睹了许多企业明明生产出了优质产品，却既不知道如何以最低成本销售，也不懂得该卖给哪些人。最终，这些辛辛苦苦生产出来的成品，只能堆积在仓库里无人问津。那个时候，我就明白了一个道理，企业要想生存下去，并不是依赖于生产，而是依赖于现金流。企业若是没有健康的"现金流"，就好像人没有血液流动一样，就会迅速面临死亡的危机。

　　后来，因为结婚生子，我不得不辞去了原来的工作，做了几年全职

后 记

太太。但是随着孩子们渐渐长大,我内心开始不安起来。等孩子们都去了学校,我该怎么办呢?难道我要像小区的大多数妈妈一样,每天围着灶台转吗?还是回到原来的工作岗位去上班?

做全职太太肯定不符合我的个性,但回到公司朝九晚五地上班显然也不切实际。在深圳这样快节奏的都市里,如果请一个阿姨来照顾两个孩子,那将是一笔不小的开支。更重要的是,我将无法陪伴孩子成长,这将是我人生中无法弥补的遗憾。

当时,对我来说,找到一份既能赚钱,又能让自己成长,还能陪伴孩子成长的工作是最好的选择。我已经离开职场五年、没有任何创业经验和背景,经过深思熟虑后,我最终选择了当时风险最小、成本最低的轻创业方式——通过朋友圈卖货成为微商。

梦想是美好的,但现实却很残酷。当我踏上轻创业的道路,也经历了如何将产品和粉丝变现的迷茫期。幸运的是,我遇到了一位经验丰富的导师,他指引我找到了答案。他说,不能一个一个零售,而是要策划活动,吸引感兴趣的人进入社群,批量培养信任、批量成交。传统的叫卖方式已经行不通了,卖家需要先提供价值,建立信任,然后再批量发售产品才更容易成功。

后来,我拼命地研究社群和变现,阅读了 200 多本社群及营销书籍,拜访了 100 多位行业专家,给学员做了 1000 多次咨询诊断,亲自实操了 400 多场私域社群发售活动。我将这些理论和经验整理形成了一套全新且可复制的实战模型——PHHSF 私域社群发售模型。这个模型不仅解决了我自己的变现难题,还帮助了 10 000 多位个人创业者和中小微企业,创造了过亿的销售额。

九年的企业生产管理让我养成了一个习惯，即以结果为导向。无论是以前的企业职场还是后来的社群营销创业，我都坚持一个态度：结果至上。我们的理念是：学千遍万遍，不如实操一遍。业绩都是靠实操出来的，你认可吗？

我所讲即所做，在社群圈内，我也被公认为社群变现实操专家。在过去的八年里，我一直努力与每位学员分享自己亲身实践且获得结果的变现方法，帮助他们用私域社群发售打通收钱的最后100米。每当看到学员们，看到企业通过我的方法，经过我的指导拿到结果时，我就感到无比欣慰。这种成就感不仅超过了自己赚钱的快感，也让我的人生更加丰盈。

这本书不仅是一本干货书，更是一本私域发售变现的实操手册。我希望给你带来的不仅仅是方法，更是打开私域宝藏的钥匙。希望你也可以照着书中的方法来操盘你自己的发售活动，帮助你和你的企业拥有源源不断的现金流，让你的家人和员工过上更加幸福的生活。

最后，再次感谢为本书写赞誉的24位老师，他们分别是：徐艳林、秋叶大叔、老壹、剽悍一只猫、王一九、浦江、王九山、袁海涛、李劲、流年小筑、水青衣、弗兰克、秦刚、管鹏、刘芳、赛美、连芳菲、魏江、彭小六、牧柔、王阳、林钜浩、莉莉和李永洲。

祝愿所有的老板都能用社群发售批量收钱，私域掘金多三倍，平安健康，喜乐生活。

联合出品人

联合出品人	简介	关于本书，我想说
蓝雨 （WN993628）	红娘社群大管家，私域发售陪跑教练，电子书《7步激活僵尸群秘诀》作者	这本书写得太详细了，不仅有模型，还有流程和细节，是营销人必备的枕边书
三皮先生 （13682622784）	红娘社群运营官，私域发售运营教练，擅长解决人货场批量销售难题	不管是实体店老板，还是线上个人创业者，都可以通过社群发售来把产品批量卖出去。此书刚好可以解决这些问题
华姐 （18813083050）	资深社群运营教练，擅长社群精细化运营和管理	这本书非常实用，不管你是做什么行业的老板，看完都能照着做一场自己的发售
福宝 （cyf811000）	项目孵化操盘手、新零售资源融合师，电子书《私域操盘手册》作者	这本书中不但有发售的模型，还有切实可行的操作步骤，简单五步就能帮助你批量收钱
林钜浩 （ljh413172）	会销招商销讲教练，中国新晋十强讲师，央视《影响力品牌》上榜人物，电子书《销讲秘籍》作者	本书有独创的发售模型，还有丰富的实战案例，通俗易懂，值得反复阅读和实践
老壹 （730917）	社群营销领域领军人物，精壹门创始人，畅销书《引爆微信群》作者，专注家庭服务社群的构建、运营和发售	这是一本可以帮助您批量收钱的实操手册，一本值得所有营销人去用的书

续前表

联合出品人	简介	关于本书，我想说
付晓雪（fuxx131419）	北大特邀讲师、口才演讲培训师、心理咨询师，电子书《销讲核心密码》作者	但凡想让客户自动下单，想批量把产品卖出去的老板，强烈建议读这本书
王芳（wf980286229）	《冲上顶峰》作者，一璐有媛全国城市沙龙项目总统筹，创建一璐有媛疗愈沙龙低粉高变现 SOP 流程	销售是一对一成交，而发售是批量成交，想让客户抢着付钱，本书值得每个营销人好好研读
孟宪慧（慧兰）（hhhp705）	中网讲师网 TTT 认证讲师、慧泉成长学院创始人、电子书《活出精彩》作者	邓老师把多年的实战精华浓缩成了这一本书，书中的方法非常详细和实用，我们可以照着抄作业
柴世冶（csy66129001）	理财规划咨询师，善于帮助客户梳理财务现状、厘清理财目标、发现财务问题、匹配财务资源和设计规划方案	一直想做发售，但苦于找不到方法，邓老师的这本书给了我希望，很期待收到这本书
嗨哥（13905835134）	全球钻石体系创始人，久美肤商学院院长、久美肤全球董事	对于希望快速扩张业务和增加收入的企业与个体，本书的追售和裂变式发售策略，能够快速扩大市场份额，提升销售业绩
兴航（xinpinpai01）	品牌营销专家，前 500 强企业品牌负责人、品牌文案培训师及短片导演，电子书《品牌快速破圈技巧》作者	当新产品面市时，如何迅速吸引市场的目光往往是一个挑战。社群发售恰好为品牌提供了一种创新的突破口

续前表

联合出品人	简介	关于本书，我想说
雅茹（a754280984）	家庭教育指导师督导、青少年行为教育指导师、亲子关系指导师，打造有智慧父母成长必修课	个体创业者面临获客和变现问题，通过私域社群发售，可以快速建立自己的客户群体，提高转化率和复购率。推荐你多读两遍
刘金山（413039918）	DISC行为风格认证讲师与顾问、雪橙私董会召集人、《协同共生态》书籍主编，擅长组织战略运营，打通了实体店+社群+私域电商的模式闭环	在快速变化的市场中，企业需要灵活调整策略，社群发售将帮助企业迅速适应市场变动，保持竞争优势
水晶（wqgujie）	优势变现教练，《冲上顶峰》作者，一璐有媛上海沙龙合伙人，擅长提升天赋变现力，提高团队业绩	面对线上市场的激烈竞争，实体店老板急需新的增长策略。可以通过私域社群发售，快速提升销量，降低客户获取成本，打开新的增长通道，赶紧读起来
肖新（tall613）	背单词线上学习系统联合创始人。多年小学、初中、高中背单词教学经验	邓老师一直在私域社群板块深耕，这本书里的内容都是她实战经验的精华，颗粒度非常细，是一本批量收钱指南
逆龄姐姐向日葵（FengLing751214）	大健康私域社群操盘手、逆龄年轻态创始人，擅长健康养生，助力你重新找回健康	创始人经常面临商业模式无效和产品不受欢迎的困境。可以利用私域社群发售模式快速验证，有效减少试错成本

续前表

联合出品人	简介	关于本书，我想说
王好龙 （18036813568）	连续创业者、培训师、专业黄金投资人，拥有丰富的生意经，擅于指导没有方向和事业的小白创业	对于企业来说，没有现金流就像是人没有了血液。如何用最低成本获得源源不断的现金流，发售是更好的选择
净贤 （Jx15349749158）	新易学联合创始人、发售策划人，用发售技术助力行业发展，解决了夫妻矛盾、亲子关系、财富卡点等问题，电子书《幸福人生秘籍》作者	不管你是做公域，还是私域，不管你是互联网企业还是实体店，当下流量越来越贵，你如何才能够把可数的流量价值发挥到最大？答案就在这本书中
金一 （16651828319）	AI 私域自动成交系统、Novo AI 创始人、AI 全生命周期流程数字化系统，专注于 AI 私域营销自动化系统开发	企业如何一边快速激活粉丝，一边打造品牌的知名度，还能批量收钱？建议你跟着本书的方法做发售变现吧
蟹一姐 （v17601585791）	蟹一姐共享塘主创始人，鲜活大闸蟹源头供应商	当下企业面临着流量贵、流量泛、成交难等痛点，有没有一种更好的方式来破局？当然有，就是做裂变式发售
尹淑娟 （18757144368）	私域营销多年，旅游自媒体博主，多家企业私域顾问，浙江省民营企业投资联合会文创数智专委会秘书长	创业初期，没有团队，没有太多粉丝，也没有庞大的预算，怎样才能获得源源不断的现金流？还得读这本书，做发售
刘毅君 （David1835）	身心疗愈亿级 IP 导师，中国睡眠赋能系统头部品牌秒睡学院（ISA）院长，休学厌学全球教育平台创始人，主办创始人 IP 秒睡觉醒特训营	流量的终点在私域，私域的核心是社群，无论你卖虚拟产品还是实物产品，想要把产品和粉丝批量变成钱，就要学做社群发售变现，请反复阅读这本书